KARIN BURSCHIK

W0244217

BUDDHA IST, WER TROTZDEM LACHT

EIN SACH- UND LACHBUCH

WINDPFERD

1. Auflage 2019
© 2018 by Windpferd Verlagsgesellschaft mbH, Oberstdorf
Alle Rechte vorbehalten
Kein Teil des Buches darf in irgendeiner Form oder zu irgendeinem Zweck elektronisch oder mechanisch, einschließlich Fotokopie, Recording und Wiederherstellung ohne schriftliche Genehmigung des Verlages wiedergegeben werden.
Der Verlag weist ausdrücklich darauf hin, dass er auf im Text enthaltene externe Links keinerlei Einfluss hat. Eine Haftung des Verlags ist daher ausgeschlossen.
Umschlaggestaltung: Jennifer Jünemann | www.bitdifferent.de
Verwendete Illustrationen: Evgenii Naumov @123rf.de
Vignetten im Innenteil: Thomas Hajdu | Farbstoff
Lektorat: Jessica Heftenberger
Satz und Layout: Marx Grafik & ArtWork
Druck und Bindung: C. H. Beck, Nördlingen

MIX
Papier aus verantwortungsvollen Quellen
FSC® C019821
www.fsc.org

Printed in Germany
ISBN 978-3-86410-202-8
www.windpferd.de

Inhalt

Haftungsausschluss

Die Autorin hat sich bemüht, die letzten und tiefgründigsten Wahrheiten zu vermitteln. Da diese nicht sagbar sind, findest du sie an den weißen Stellen. Die schwarzen solltest du nicht allzu ernst nehmen. Aber pass bloß auf, dass du dir nicht den Ast ablachst, auf dem du gerade sitzt, weil Autorin und Verlag keine wie auch immer geartete Haftung übernehmen. Für gar nichts.

Einführung

Bist du glücklich?

Nicht nur soso lala und ab und zu einmal, sondern pausenlos und wie blöd?

Wenn ja, dann freue ich mich mit dir.

Wenn nicht, könnte der Buddha ein paar wertvolle Tipps für dich haben.

Ihm wurden zwar auch die großen Fragen des Lebens gestellt, zum Beispiel: „Wer bin ich? Wann kommt Gott? Wie oft?" Und das Wichtigste: „Was gibt es zum Mittagessen?" Doch darauf erwiderte er: „Solche Dinge lehre ich nicht. Ich bin ein Arzt des Geistes. Ich lehre, woher das Leiden kommt und wie es aufgehoben werden kann."

Ehe der leidfreie Zustand erreicht ist, kann allerdings viel Zeit vergehen. Manche sagen sogar: viele Leben. Aber ich glaube ja nicht an Reinkarnation. Habe ich nie. Auch früher nicht, als ich noch eine Nacktschnecke war.

Darum habe ich mich gefragt: Muss ich wirklich jahrhundertelang suchen, kämpfen und ringen, um endlich befreit auflachen zu können? Geht es nicht auch andersherum? Kann ich mich nicht auch freilachen?

Dass es im Buddhismus lustig zugehen darf, wissen wir aus der Lotos-Rede:

Wie so oft schickte der Buddha sich an, seine Schüler zu unterweisen. Doch diesmal nicht durch Worte, sondern durch

Schweigen. Und durch eine Lotosblume, die er aus der Erde zog und hochhielt, während Wasser und Schlamm auf ihn herabtröpfelten.

Seine Schüler schwiegen andächtig und sannen darüber nach, was das wohl zu bedeuten habe. Nur einer nicht. Mahakashyapa. Der lachte.

Und er war es, der schließlich Buddhas Nachfolger wurde, denn:

„Was ich sagen konnte, habe ich euch gesagt", sprach der Buddha. „Was nicht gesagt werden kann, habe ich Mahakashyapa gegeben."

Buddha-Eignungstest

Nicht Gesagtes zu verstehen, ist gar nicht so leicht. Um herauszufinden, ob du dazu fähig bist, bitte ich dich nun, die folgenden Fragen zu beantworten. Also Kuli raus und ran an den Test.

1. Kannst du länger als zwanzig Minuten meditieren, ohne die Krise zu kriegen? □ ja □ nein
2. Hast du schon einmal eine Büttenrede gehalten? □ ja □ nein
3. Fährst du ein pinkfarbenes Auto? □ ja □ nein
4. Kannst du länger als zehn Minuten die Luft anhalten? □ ja □ nein
5. Warst du schon einmal auf Hawaii? □ ja □ nein
6. Kannst du deine Mundwinkel um mindestens 2,5 Millimeter nach oben ziehen? □ ja □ nein
7. Fragst du dich, warum du all diese Fragen beantworten sollst? □ ja □ nein

Auswertung ___ ja __ nein

Hast du mindestens eine Frage mit „ja“ beantwortet?

Dann ist alles in Buddha. Du kannst getrost weiterlesen und mehr erfahren über den Buddha und wie er auf die Idee kam, sich – und dich und mich – vom Leid zu befreien.

Buddhas Geistesblitz

„Weißt du, was ich heute geträumt habe?“
„?“
„Ich wäre aufgewacht!“

Wie Mahakashyapa sind wir eingeladen zu lachen. Und zu erwachen, denn „Buddha“ heißt ja „der Erwachte“.

Oder der „Erlachte“?

Humorkompatibel sind buddhistische Lehren allemal, und auch sein Leben, wie du gleich lesen wirst.

Paradoxien im Leben Buddhas

Über das Nirwana, das Ziel des buddhistischen Weges, sagte der Buddha:

„Es ist weder Sein noch Nichtsein, es ist nicht beides zugleich und auch nicht keins von beidem.“

Darum braucht es auch drei Buddhisten, um eine Glühbirne zu wechseln: Einen, der die alte rausschraubt. Einen, der die neue reinschraubt. Und einen, der keine Birnen raus- oder reinschraubt, sie aber auch nicht nicht raus- oder reinschraubt. Nicht beides zugleich und auch nicht keins von beidem.

Eine Paradoxie.

Und es ist nicht die einzige im Buddhismus. Bereits das Leben des Buddhas war voll davon.

Siddhartha – alles ist nicht genug

Geboren wurde er als Siddhartha Gautama irgendwann zwischen 560 und 480 vor Christus. Seine Familie gehörte zur Kriegerkaste und sein Vater regierte die nordindische Sakya-Republik.

Dem kleinen Siddhartha wurde damals prophezeit: Dieser Knabe wird heranreifen zu einem mächtigen Weltenherrscher. Oder zu einem großen spirituellen Lehrer.

Seinem Vater war das mit dem Weltenherrscher lieber. Also hat er seinen Sohn nach Strich und Faden verwöhnt, um ihn abhängig zu machen vom süßen Leben.

Und was passierte?

Er konnte den Reichtum kaum genießen, empfand ihn gar als Last. Wie Wohlstandsbürger, die Probleme haben mit dem Nahrungsangebot. Da gönnen sie sich gern ein Fasten-Seminar.

Was lernen wir daraus?

PARADOXE WEISHEIT

WOHLLEBEN MACHT LUST AUF ASKESE.

Siddharthas Vater tat aber noch etwas, um seinen Sohn für die Spiritualität untauglich zu machen: Er schirmte ihn von jeglichem Leid ab, damit der Junge nur ja nicht auf andere Gedanken kam.

Doch auch hier führten Papas Bemühungen zum Gegenteil.

Das kennen wir beispielsweise von den Bemühungen einer Frau her, einen Mann zu halten. Wenn frau sagt: „Ich liebe dich. Du bist der Mann meines Lebens. Lass uns doch heiraten und Kinder kriegen", ist der schnell weg, ohne nach dem One-Night-Stand auch nur seine Zigarette zu Ende zu rauchen.

Auch Siddhartha war nicht zu halten. Immer mal wieder büxte er von zu Hause aus. Und da sah er einen Alten, einen Kranken und einen Toten. So was hatte er nie zuvor gesehen. Darum schockierte es ihn umso mehr.

Von da an fragte er sich ständig: Woher kommt das Leiden in der Welt? Wie kann es überwunden werden?

Bei seinem vierten Ausflug sah er einen Samana, also einen Wanderprediger oder Bettelmönch. Der ging in heiterer Gelassenheit einher.

Wie war das möglich? Der Mensch hatte keine Bleibe und keinen Job, auch keinen Plasma-Fernseher. Nicht mal eine Ray-Ban Sonnenbrille. Und das in Indien.

Trotzdem war er gut drauf.

Offenbar hatte er Humor, jedenfalls nach der Definition von Otto Julius Bierbaum: Humor ist, wenn man trotzdem lacht.

Gemeint ist die Fähigkeit, auch dramatischen Situationen eine heitere Seite abgewinnen zu können.

Stell dir mal vor, du hingest an einer Liane, die von Mäusen angeknabbert wird, und unter dir wartet ein Krokodil, das jahrelang auf Null-Diät war.

Und du lachst dich trotzdem scheckig.

Allerdings haben wir in unseren Breitengraden nur selten Gelegenheit dazu. Mangels Lianen. Und wegen der mangelnden Bereitschaft vieler Krokodile, sich einer Null-Diät zu unterziehen. Du kannst aber die Liane getrost durch *mein* Auto, *mein* Partner oder *mein* Guru ersetzen und das Krokodil durch den Sensenmann. Und trotzdem können wir mitunter lachen und glücklich sein.

Wieso? Und vor allem: Wie bekommen wir mehr von diesem Glück? Wie können wir jegliches Leid überwinden?

Diese Frage ließ Siddhartha nicht mehr los. Und um Antworten zu finden, verließ er seine Familie und schloss sich fünf Asketen an.

Das muss man sich mal vorstellen: Siddhartha war erst 29 Jahre alt, dazu reich und gesund. Er hatte eine bezaubernde Frau und einen wonneproppigen Stammhalter. Und dann verließ er alles, was jeden Mann glücklich gemacht hätte. Und wozu? Um sein Glück zu finden.

Sein Vater aber, der alles getan hatte, damit er bleibt, erkannte:

PARADOXE WEISHEIT

WILLST DU IN DEN SÜDEN, GEHE RICHTUNG NORDEN.

Siddharthas Lehr- und Wanderjahre

Sein Sohn lernte bei verschiedenen Meistern und erfuhr schon bald höhere Bewusstseinszustände mit Lichterfahrungen und allem Klimbim, den man sich vorstellen kann.

Meist schwebte er in höheren Sphären und kehrte nur ab und zu auf die Erde zurück, um ein bisschen Wasser durch sich hindurchlaufen zu lassen.

Irdisches Glück suchte er nicht mehr. Das kannte er ja aus seinem früheren Leben. Und er wusste: Das ist bedingt und vergänglich. Er aber wollte das absolute, das unbedingte Glück. Eine Art Super-Wohlleben. Und dafür stürzte er sich in eine Super-Askese.

PARADOXE WEISHEIT

EXTREMES WOHLLEBEN MACHT LUST AUF EXTREME ASKESE.

So passierte, was in solchen Fällen üblicherweise passiert: Er wurde dünn. Richtig dünn. Seine Knochen klapperten. Die Haare fielen ihm aus. Und als er in einen Teich schaute, fürchtete er, der Schrumpfkopf könne ihm vom Stängel fallen.

Da dämmerte ihm: Askese ist Käse; Verneinung ist nicht dasselbe wie Freiheit.

Von da an ging er den Mittleren Weg.

Jemand hat das mal wörtlich genommen und sich eine Beule geholt, als er über eine Wiese ging. Dort stand nämlich ein Baum mitten darauf.

Du aber hast sicher sofort erkannt: Der Buddha meinte das sinnbildlich, als einen Weg zwischen Selbstkasteiung und Verzärtelung.

Also begann er wieder ein bisschen zu essen. Seine fünf Gefährten empfanden das als Verrat an ihren hehren Zielen und verließen ihn.

Davon unbeirrt setzte Siddhartha sich unter eine Pappelfeige und sagte:

„Ich beende die Meditation erst, wenn ich das Leid überwunden habe, wenn ich vollkommen aus dem Schlaf der Unwissenheit erwacht bin."

Siddharthas Erwachen

Das war leichter gesagt als getan, denn Mara, der Herr der Finsternis, tat alles, um genau das zu verhindern. Zuerst sandte er Kriegerscharen mit tödlichen Waffen und Zauberkräften, die ihn erschrecken oder wütend machen sollten. Vergeblich. Und so schickte er wunderschöne Frauen, die Siddhartha zu verführen trachteten. Doch er blieb heiter und ruhig.

Das kannst auch du, wenn du meditierst.

Wenn auch vielleicht nicht gleich beim ersten Mal …

Im Prinzip aber kann jeder Mensch aus dem Schlaf der Unwissenheit erwachen, kann zum Buddha werden, zum Erwachten. Wie Siddhartha in jener Vollmondnacht unter der Pappelfeige, die heute Bodhi-Baum heißt, der Baum des Erwachens.

Zuerst wollte der Buddha nicht lehren, wie er sich von allem Leid befreit hatte. Er glaubte, dass kein Mensch es verstehen würde.

Im Grunde ist es auch nicht mitteilbar, höchstens als Paradox.

Oder im Lachen, wie Mahakashyapa begriffen hat.

Tatsächlich sind sich Witz und Erleuchtung sehr ähnlich. Nicht nur, weil sich beides kaum erklären lässt, – ein erklärter Witz ist keiner mehr! – sondern auch, weil beides vom Leid befreit.

Befreiung

Tatsächlich haben Menschen mit Humor weniger Probleme. Und wenn sie welche haben, dann haben sie kein Problem damit. Sie leiden nicht darunter, sie lachen.

Stell dir vor, das HB-Männchen hätte angesichts der furchtbaren Katastrophen, die es ständig heimsuchten, herzhaft gelacht. Okay, sein Gesicht wäre auch rot angelaufen, er hätte auch mit den Armen gerudert und wäre auch in die Luft gesprungen. Aber er hätte sich besser gefühlt.

Humor befreit aber nicht nur von Ärger, sondern auch von Angst, Gier und der Identifikation mit dem Körper, mit Meinungen oder Fußballvereinen. Und genau dieses Element der Des-Identifikation finden wir auch bei Menschen, die erwacht sind.

Eine weitere Ähnlichkeit zeigt sich im Element der Überraschung.

Überraschung

Denn das Erwachen ist Überraschung pur. Ein riesengroßes Aha-Erlebnis. Und plötzlich weißt du: In Wirklichkeit ist die Realität ganz anders … Auch, wenn du nicht sagen kannst, wie.

Einen solch sprachlosen Moment erlebst du auch zwischen Pointe und Lachen. Auch hier kippt die Realitätswahrnehmung plötzlich um. Oder sie schlägt einen Haken: Erst steuert sie Richtung Süden und schwupp-di-wupp biegt sie ab und segelt über die Waterkant in den Abgrund.

Tatsächlich ist Überraschung die wichtigste Zutat im Spaß-Menü. Und die edelste. Hier geht es nicht darum, andere kleinzulachen oder unterdrückte Impulse abzureagieren, sondern darum, neue Erkenntnisse und eine erfrischend andere, überraschende Sicht auf die Welt zu gewinnen.

Überraschend kann ein Element der Inkongruenz sein. Irgendwas Unpassendes wie ein Hippie in der Heilsarmee, ein Dino auf der Sonnenbank oder ein Cowboy im Bikini.

Überraschend kann es sein, ein Wort ganz neu und anders zu verstehen, beispielsweise Hustensaft: „Mami, ich will keinen Hustensaft. Ich kann auch so husten."

Sich selbst zu überraschen, ist dagegen gar nicht leicht, wenn du nicht gerade Alzheimer hast. Normalerweise aber musst du zur Selbst-Überraschung zumindest für einen Augenblick innerlich still sein können, denn Witziges kann einem nur aus der Sphäre jenseits des Denkens „einfallen" – aus genau jener Sphäre, auf die Erleuchtologen ihre Loblieder singen.

Nach der Erleuchtung

Kommen wir nach unserem Exkurs über die Verwandtschaft von Witz, Humor und Erleuchtung zurück zu Siddhartha, dem frisch gebackenen Buddha.

Er war gerade einmal 35 Jahre alt und davon überzeugt, dass kein Mensch verstehen würde, was er herausgefunden hatte. Darum beschloss er, nicht zu lehren.

Doch dann traf er seine früheren Freunde wieder, die fünf Asketen, die sich von ihm abgewandt hatten. Und die staunten nicht schlecht: Obwohl er eine Kleinigkeit gegessen hatte, strahlte er etwas aus, das … das … das wollten sie auch. Und sie drängten ihn zu lehren.

PARADOX HANDELN

PLANE SORGFÄLTIG, ETWAS NICHT ZU TUN,
UND DANN MACH ES DOCH!

Der Buddha lehrte 45 Jahre lang. Was, das erfährst du in den folgenden Kapiteln.

Shit happens

Im letzten Kapitel haben wir erfahren, wie behütet der Buddha aufgewachsen ist. Und gerade darum fühlte er sich überwältigt vom menschlichen Leid, als er ihm begegnete.

Fortan plagte ihn die Frage: Wie kommt es in die Welt? Wie kann es überwunden werden?

Seine Antworten formulierte er in den sogenannten *vier Edlen Wahrheiten*, die in allen buddhistischen Schulen von zentraler Bedeutung sind.

Die erste wollen wir nun einmal beleuchten.

Die erste Edle Wahrheit

Sie lautet:

„Leben ist leidvoll."

Zugegeben, das ist jetzt nicht der ultimative Schenkelklopfer. Ich meine, wir haben doch alle schon bessere Nachrichten gehört – sogar in der Tagesschau.

Zwar picken auch die sich gern die Katastrophen heraus. Aber wenigstens passieren die schön weit weg, oder anderen. Oder wenigstens nicht andauernd, sodass nicht gleich das ganze Leben leidvoll oder zumindest unbefriedigend ist, wie das hier verwendete Wort „dukkha“ auch übersetzt wird.

Schon oft habe ich erlebt, dass nicht alles so ist, wie ich es gerne hätte. Darum bestelle ich etwas Besseres beim Universum, womöglich selbstreinigendes Geschirr und einen Mini Cooper mit eingebauter Vorfahrt. Und ich locke das Universum mit Affirmationen, Visualisierungen und getrüffelten Bananentorten mit Schokostreuseln. Manchmal liefert es das Gewünschte.

Aber nicht immer.

Und ist das nicht auch gut so? Dass es so viel Raum für Überraschungen gibt. Für Wunder, die kein Mensch bestellt hat. Für blaue Wunder …

Nie bestellt und doch geliefert

Der Buddha hat folgende aufgezählt:

1. Alter

2. Krankheit

3. Sterben

4. Vereint sein mit Menschen, Dingen und Umständen, die man nicht mag

5. Und was man will, das kriegt man nicht. Jedenfalls nicht immer. Und wenn doch, dann nicht auf Dauer. Wie saubere Zähne. Selbst, wenn du einmal Zahnseide verwendest und ein Interdentalbürstchen mit Anti-Plaque-Garantie. Doch nach nur einem Jahr … Also, saubere Zähne sehen anders aus!

Das ist das Schöne am Buddhismus: Man darf alles selbst herausfinden und muss gar nichts glauben. Der Buddha selbst hat im Kalama-Sutra sinngemäß gesagt: Halte nichts für wahr, nur weil ich es gesagt habe. Oder, weil alle es glauben. Oder, weil es in der Bild-Zeitung steht.

Darum ist der Buddhismus auch nichts für Dogmatiker. Also für Menschen, die alle Andersdenkenden platt machen wollen wie eine Flunder, weshalb sie auch Flundermentalisten genannt werden.

Der Buddhismus ist vielmehr etwas für Menschen mit einem offenen Geist, der bereit ist, Fragen zu stellen. Und sich den Tatsachen zu stellen.

Eine davon ist nun einmal: Shit happens. Darauf versuchen sich alle Religionen einen Reim zu machen.

SHIT HAPPENS

BUDDHA: ABER DU MUSST NICHT DARUNTER LEIDEN.

KATHOLIKEN: UND DAS IST DEINE SCHULD.

PROTESTANTEN: ABER BITTE NICHT MIR.

ATHEISTEN: ICH GLAUBE NICHT AN DIESEN SHIT.

MOSLEMS: UND DAS IST ALLAHS WILLE.

JUDEN: WARUM PASSIERT DAS IMMER MIR?

HINDUS: DAS PASSIERT WIEDER UND WIEDER UND IMMER WIEDER.

KONFUZIANISTEN: KONFUZIUS SAGT: SHIT HAPPENS.

HIPPIES: DER LÄSST SICH PRIMA RAUCHEN.

BUDDHA: ABER DU MUSST NICHT DARUNTER LEIDEN.*

* Inspiriert durch eine ähnliche Auflistung auf https://mein.yoga-vidya.de/forum/topics/spirituelle-witze.

Und wenn gerade kein großer Shit passiert, dann vermiesen wir uns den Tag mit kleinem Shit: den Telefongesprächen anderer Leute, dem Rasenmäher des Nachbarn und der Tatsache, dass der Pfannenwender nicht zum Schuhlöffel taugt, wenn man ihn nicht vorher spült.

Da fragt man sich: Warum bloß schaffen es so wenige Menschen, den Augenblick zu genießen? Oder wenigstens die Segnungen der Zivilisation.

Ja, stell dir doch mal vor, du wachst am Morgen auf und genießt dein weiches, warmes Bett. Sauber ist es auch – jedenfalls meistens. Immerhin liegst du weder auf angefaulten Gräsern noch in einer kalten, zugigen Höhle.

Und du lebst!

Heute Nacht hat kein Säbelzahntiger an dir geknabbert. Auch nicht an deinem Ehegespons oder den lieben Kleinen. Selbst die bucklige Sippschaft vom anderen Hügel hat euch nicht überfallen.

Dankbar rekelst du dich und stehst schließlich auf. Glücklich, dass du nicht in die Kälte hinausmusst, um deine Notdurft zu verrichten.

Sogar eine Mahlzeit steht schon bereit oder lässt sich leicht zubereiten. Jedenfalls musst du dafür keine Vogelnester räubern und auch nicht kilometerweit für einen Schluck Wasser gehen. Keine Kräuter sammeln und Körner mahlen, kein Feuer machen um Brot zu backen – nicht mal ein Mammut erlegen.

Und so geht es den lieben langen Tag weiter. Da könnte man sich doch freuen, wenn man nicht gerade mit dem Smartphone von letzter Woche vorliebnehmen müsste. Ja, man könnte immerzu: „Juppheidi!" schreien.

Aber wer macht das schon?

Außer vielleicht in Sätzen wie: „Jupp, Heidi hat angerufen. Ich habe ihr gesagt, dass wir uns nicht scheiden lassen."

Tatsächlich sind viele Menschen im reichen Westen bemerkenswert unglücklich. Depressionen grassieren. Süchte, Zwänge und Ängste wuchern. Mobbing, Stress und Burnout nehmen epidemische Ausmaße an.

Warum?

An den äußeren Umständen kann es kaum liegen. Die sind meistens ganz okay und erzwingen keine bestimmte Reaktion: Was den einen fuchsteufelswild macht, entlockt dem anderen nur ein müdes Lächeln. Selbst Traumpartner verwandeln sich mitunter zu Alptraumpartnern, ohne sich verändert zu haben.

Also liegt es nicht (nur) an äußeren Umständen, wenn wir unglücklich sind, sondern auch und vor allem an inneren Umständen, an unserer Wahrnehmung, am menschlichen Geist.

Wie alles begann

Um besser zu verstehen, wie und warum wir uns selbst unglücklich machen, schauen wir uns bei Adam und Eva um.

Nach ihrer Vertreibung aus dem Paradies landeten sie im größten Schlamassel.

Verglichen mit Tieren konnten sie nicht gut sehen, hören oder riechen. Auch nicht schnell rennen oder auf Bäume klettern. Und beißen, kratzen und fauchen wirkte bei ihnen eher possierlich.

In allen Überlebensdisziplinen landeten sie also unter „ferner liefen …". Darum war ihr Leben ständig bedroht – von Hitze und Kälte, Hunger und Durst, wilden Tieren und anderen Menschen, die es nicht in die Bibel geschafft haben.

Trotzdem hat die Menschheit überlebt und sich ausgebreitet. Über den ganzen Globus und nun sogar bis auf den Mond.

Warum? Was haben Menschen, was Tiere nicht haben?

Ein großes Hirn!

Obwohl es nicht alle Zeitgenossen exzessiv gebrauchen. So, wie die Gangster, die in Saarmund einen Geldautomaten stehlen wollten. Sie rissen das Gerät mittels eines geklauten LKWs und Stahlseilen aus der Verankerung und entkamen damit, nur um dann festzustellen: Ihre Beute war ein Kontoauszugsdrucker.

Aber sie haben es überlebt. Auch wenn das Ego gern tut, als müsste es sterben, wenn seine Pläne scheitern. Überlebt haben sie diese schreckliche Katastrophe.

Die ganze Menschheit hat überlebt – zumindest bis heute. Offenbar ist unser Hirn in erster Linie aufs Überleben programmiert und weniger daraufhin, glücklich zu sein.

Tatsächlich bringt es keine Überlebensvorteile, am Palmenstrand zu liegen und den Wellen zu lauschen. Darum können das viele auch nicht so gut, höchstens mal drei Wochen im Jahr. Und selbst in dieser kurzen Zeit sind sie dauernd in Action: sie bauen Burgen, gehen auf Mückenjagd oder tapezieren das Hotelzimmer neu, weil sie als Kind in einem Zimmer mit solchen Tapeten … schnell weg damit!

Katastrophisieren

Wir treffen also Vorsorge.

Und tatsächlich bietet es einen Überlebensvorteil, wenn sich Menschen unter anderem bereits im Herbst vorstellen können, dass irgendwann der Winter kommt und wie schön es dann wäre, was zu knabbern zu haben. Heutzutage haben wir diesen Gedanken outgesourct an die Supermärkte, die uns schon im Sommer an Weihnachten erinnern.

Dennoch müssen wir Menschen nach wie vor viel denken und planen. Manche übertreiben dabei hemmungslos. Manche planen sogar ganz minuziös ihre Hochzeit – bis der Typ den Mund aufmacht.

Am liebsten aber schauen wir Menschen voller Sorge in die Zukunft und sehen alle möglichen Katastrophen kommen, damit wir uns wappnen und gegensteuern können. Da diese Gefahren aber (noch) nicht real sind, müssen wir uns diese riesengroß und grauenhaft vorstellen, sonst würden wir den Hintern nicht hochkriegen. Außerdem müssen wir uns auf das Negative konzentrieren. Das Positive dankbar zu loben, macht nicht satt und hält den Säbelzahntiger nicht in Schach.

Das kannst du gleich einmal ausprobieren:

ÜBUNG: KATASTROPHISIEREN

FANGE EINE AMEISE, PUMPE SIE AUF, BIS SIE SO GROß IST WIE EIN RHINOZEROS. NUN LAUFE SCHREIEND WEG UND WARNE ALLE VOR DIESEM SCHRECKLICHEN UNGEHEUER.

Die Menschen sind aber nicht nur geübt darin, sich das Leben durch die Zukunft zu vermiesen. Auch die Vergangenheit muss dazu herhalten.

Grübeln

Das brachte unseren Urahnen einen entscheidenden Überlebensvorteil: Wenn etwas schief gegangen war, konnten sie darüber nachdenken und daraus lernen.

Doch auch hier wird gern maßlos übertrieben.

Denken wir nur an Vanessa, die ihre Freundinnen zu einem Single-Abend einlud und einen Stripper bestellte. Der kam auch prompt in einer schnieken Polizeiuniform, die ihm bald vom Leib gerissen wurde. Unter Johlen und Klatschen. Und erst der Kampf um sein Feinripp-Höschen! Was für ein Spaß! Bis es eine Anzeige gab. Wegen Beamtenbeleidigung. Wie peinlich! Und wenn Vanessa nicht gestorben ist, dann schämt sie sich heute noch.

Oder Kevin, der immer solches Pech mit seinem Auto hatte. Erst war es zu lang für die Parklücke, danach zu schnell für die Ortschaft, und am Ende vergaß er es auch noch, bevor er in die Autowaschanlage ging.

„Dumm gelaufen", kann man da nur sagen und sich vornehmen, diesen Fehler nie wieder zu machen.

Doch so leicht entkommt keiner seinem Überlebenshirn. Darum kommt es in solchen Fällen gern zu ausgedehnten Grübel-Attacken. Wieder und wieder und immer wieder wird das peinliche Vorkommnis wiedergekäut; als ob es dadurch genießbarer würde.

Gegrübelt wird aber auch gern im Konjunktiv, also mit den Worten: hätte, könnte, sollte. Das wird sich auch direkt bildlich ausgemalt – hochauflösend in HDTV.

Das kannst du gleich einmal ausprobieren:

ÜBUNG: GRÜBELN

ERINNERE DICH, WIE DU EINMAL SPAGHETTI BOLOGNESE GEGESSEN UND NACHHER EINEN FLECK AUF DEINEM BLÜTENWEIßEN HEMD ENTDECKT HAST.

GRÜBLE DEN REST DEINES LEBENS DARÜBER NACH, WIE WUNDERBAR DEIN LEBEN VERLAUFEN WÄRE, WENN DU SAUBER GEBLIEBEN WÄREST.

Den meisten Menschen bekommt das Grübeln nicht. Und meist ist es nutzlos, weil die Vergangenheit sich nicht ändern lässt.

Größtenteils gilt das auch für unsere Zeitgenossen und -genossinnen. Du kannst jahrelang darüber nachgrübeln, wie sie sein sollten, und doch kümmert es sie nicht. Allenfalls hast du als Elternteil ein winziges, temporäres Mitspracherecht bei deinen Kindern. Oder bei Angestellten, wenn du Chef oder Chefin bist.

Damit haben wir auch schon das nächste Problem.

Die lieben Kleinen

Es verschaffte der menschlichen Spezies nämlich einen entscheidenden Überlebensvorteil, dass ihre Jungen im Vergleich zu denen der Tiere so wenig instinktgebunden sind. Das macht sie anpassungsfähiger. Und sie können mehr lernen.

Gleichzeitig lernten die Erwachsenen, für andere da zu sein, anderen zu helfen und mit anderen zusammenzuarbeiten, wie zum Beispiel bei der Aufzucht der Jungen. Und diese sozialen Kompetenzen begünstigten das Überleben der menschlichen Spezies wahrscheinlich mehr als alles andere.

Die Kehrseite der Medaille: Unsere lieben Kleinen sind allzu zart und verletzlich. Außerdem wissen sie so wenig über die Gefahren des Lebens. Das verschafft den Eltern ausgiebig Gelegenheit, sich Sorgen zu machen – entsetzliche Sorgen.

Das kannst du gleich einmal ausprobieren: …

Nein, lieber nicht. Es wäre zu grausam.

Mehr Shit als nötig

In diesem Kapitel haben wir gesehen, wie unser Überlebenshirn uns Scherereien macht; wie es unvermeidlichem Übel seine Shit-Häufchen durch Grübeln, Katastrophisieren und übertriebene Sorgen aufsetzt, vor allem in Bezug auf unsere lieben Kleinen. Damit waren Adam und Eva bestens gerüstet für eine Zeit, in der die meisten Gefahren von außen kamen und Wegrennen oder Plattmachen adäquate Lösungen waren. Heutzutage aber lauern die größten Gefahren im Innern. Und genau dagegen können wir etwas tun, sagt der Buddha.

Mehr darüber im nächsten Kapitel.

In Morpheus' unseligen Armen

Im letzten Kapitel mussten wir einsehen: Shit happens. Pull-Ringe lösen sich von Fischkonserven und Haare aus Frisuren, durch die der Wind schon pfeift. Und zu allem Überfluss werden Menschen manchmal krank. Oder sie sterben gar. Da hilft keine Versicherung, auch wenn deren Vertreter uns gern was anderes glauben lassen. Das alles gehört zum Leben dazu.

Sagt der Buddha.

Eigentlich sagen das alle, die halbwegs bei Verstand sind.

Was sich noch nicht so herumgesprochen hat: Wir müssen nicht darunter leiden. Davon handeln die zweite Edle Wahrheit von der Ursache des Leidens und die dritte Edle Wahrheit von seiner Aufhebung dadurch, dass wir aus dem Schlaf der Unwissenheit erwachen, aus Morpheus' unseligen Armen.

Das leidige Leid

Nur damit keine Missverständnisse aufkommen: „Aufhebung des Leidens" bedeutet nicht, dass gar kein Shit mehr happens. Vielmehr wird er transformiert. Unter anderem können wir ihn trocknen, verbrennen und uns daran die Füße wärmen. Und unsere ultimative Erleuchtung feiern.

Kleine Erleuchtungen geschehen bereits, wenn wir auf den unvermeidlichen Shit nicht noch unser persönliches Shit-Häufchen obendrauf setzen.

Warum die Menschheit diese unselige Neigung zu leiden entwickelt hat, haben wir im letzten Kapitel auf unserer evolutionspsychologischen Reise zu Adam und Eva erfahren. Doch auch der Buddha hatte Erhellendes über die Ursachen des Leidens zu sagen.

Bewerten

Buddha betrachtete zunächst unsere alltäglichen Erfahrungen. Diese können angenehm, unangenehm oder neutral sein.

Das allein verursacht kein Leiden, sondern erst daran geknüpfte Bewertungen von „gut, schlecht und uninteressant", die schnell überholt sein können.

Das erfuhr auch Kirsten K. aus H., als ihre Nachbarin auf Weltreise ging. Vor ihrer Abreise gab sie Kirsten ihre Marihuana-Pflanze und sagte:

„Da darfst du gern 'von naschen."

„Was für ein Glück!", riefen ihre Freundinnen.

„Abwarten und grünen Tee trinken", erwiderte Kirsten K. aus H.

Eines Tages war sie nämlich so relaxt, dass sie ihrem Vermieter in aller Ruhe sagen konnte, wie sie über seine letzte Mieterhöhung dachte. Bei dieser Gelegenheit teilte sie ihm gleich noch mit, was sie davon hielt, dass er einen ihrer rückwärtigen Körperteile so ausgiebig studierte. Am Ende forderte sie ihn gar auf, es oral anzufeuchten. Das wollte er nicht und kündigte ihr.

Ihre Freundinnen sagten: „So ein Mist!"

„Abwarten und grünen Tee trinken", wiederholte Kirsten K. aus H.

Sie fand nämlich schnell eine neue Bleibe. Die war nicht nur günstiger, sondern auch viel schöner. Und Pitt, ihr neuer Nachbar, war supersüß und hilfsbereit.

„Was für ein Glück!"

„Abwarten und grünen Tee trinken."

Pitt half ihr nämlich auch mit den Topfpflanzen. Leider arbeitete er bei der Drogenfahndung.

„So ein Mist!"

„Abwarten und grünen Shit rauchen. Mit Pitt."

Ist das nun ein Glück? Warten wir es ab …

Her damit!

Befassen wir uns nun mit den emotionalen Reaktionen, die dem Bewerten folgen wie der Schwanz dem Tiger.

Angenehmes bekommt meist ein „gut" oder „sehr gut", was zu Anhaftung führt. Diese äußert sich in Worten wie: „Ich will X, ich brauch' X, ohne X kann ich nicht leben."

Gesungen heißt das Schlager.

Klar, dass Menschen ohne Teflon-Beschichtung die besten Aussichten haben, den Sauertopf in Gold zu gewinnen. Beispielsweise, wenn sie X nicht kriegen, oder X doch nicht so dolle ist, oder sich verändert, oder verloren geht.

X durch nix zu ersetzen, bringt übrigens auch nix. Gar nichts zu wollen, ist nämlich auch eine Form des Wollens, etwa in der Form: „Ich will nirgendwo mehr hin. Will nichts mehr planen oder organisieren, keine Ziele mehr erreichen. Ich will zum Kohlkopf mutieren!" Auch das ist Anhaftung. Nur mit negativem Vorzeichen. Und wider die menschliche Natur.

Zwar gibt es Wesen, bei denen das Anhaften zu ihrer wahren Natur gehört, wie Zahnprothesen zum Beispiel – sie sind glücklich damit. Menschen aber sind glücklicher, wenn sie nicht dauernd anhaften. Wenn sie es aber doch tun, dann womöglich so stark, dass sie sich mit äußeren Dingen identifizieren, was eine besonders intensive Form des Haben- und Festhalten-Wollens darstellt.

Das kannst du gleich einmal ausprobieren.

ÜBUNG: ANHAFTUNG

KAUFE ZEHN BRÖTCHEN, NIMM SIE AUS DER PAPIERTÜTE UND BLASE DIESE AUF.

BEWUNDERE IHRE PRALLE SCHÖNHEIT, IHRE STRAHLENDE REINHEIT, IHRE FALTENLOSE SCHRIFT. LIEBE DIE TÜTE. SEI DIE TÜTE.

UND JETZT HAU DRAUF!

WIE FÜHLST DU DICH?

Normalerweise tut es nicht so weh, wenn du eine Papiertüte platzen lässt …

Außer, wenn ein Igel drinsteckt.

In der Regel aber ist es die Anhaftung, die Leiden verursacht. Darum ist es eine gute Idee, weniger an der Anhaftung zu haften.

Statt: „Ich muss das haben, sonst werde ich nie wieder glücklich sein", könntest du vielleicht sagen: „Es würde mir gefallen, wenn der Kaffee-Automat bald repariert würde, der Stau sich noch in diesem Jahrhundert auflöste und der 27. Dezember dieses Jahr auf den 23. fiele."

Und wenn das nicht passiert?

Gönn dir eben das kleine Glück und schau auf das Positive.

Das kannst du auch im Urlaub praktizieren. Wenn dir im Flugzeug übel wird, kannst du dich freuen, dass der Pilot immerhin nicht blind ist. Und selbst wenn er blind wäre, kannst du dich freuen, dass die Passagiere immer rechtzeitig schreien, bevor er versehentlich im Meer landet. Und selbst wenn die Passagiere schlafen, bleibt dir immer noch die Rettungsweste unter deinem Sitz.

Und eine dolle Story, die du nachher erzählen kannst.

Anhaftung kann sich auch als Ehrgeiz äußern. Der plagt mich ja auch hin und wieder. Als Folge dessen möchte ich das beste Lach- und Sachbuch aller Zeiten schreiben. Als Meditationslehrerin möchte ich immer heiter und gelassen sein – statt jemals Grenzen zu setzen. Und die Schwimm-Olympiade will ich auch gewinnen, ohne nass zu werden.

Aber vielleicht fährst du gar nicht so ab auf das Angenehme, sondern mehr auf das Unangenehme, das meist als schlecht bewertet wird.

Weg damit!

In diesem Fall hast du Glück, denn mit dieser Disposition holst du das maximal mögliche Leid aus deinem Leben heraus. Und das gibt dir den Drive, in Buddhas Fußstapfen zu treten und wirklich, wirklich glücklich zu werden.

Ich weiß das, weil die Abwehr von Unerwünschtem zu meinen Parade-Disziplinen gehört. Darin habe ich mich bereits als Kind hervorgetan. So wehrte ich mich heftig gegen Spinat und kratzige Strumpfhosen. Ja, ich habe mich sogar gegen meine eigene Abtreibung gewehrt. Das hätte ich mal besser bleiben lassen. Dann wäre meine Mutter sicher netter zu mir gewesen.

Wie Abwehr von Unerwünschtem sich anfühlt, kannst du gleich einmal ausprobieren:

ÜBUNG: ABWEHR

NIMM ETWAS, WAS GARANTIERT JEDEN TAG PASSIERT, ZUM BEISPIEL, DASS DIR EIN PAAR HAARE AUSFALLEN.

UND JETZT ÄRGERE DICH DARÜBER. STEIGERE DICH RICHTIG HINEIN IN DEINE WUT UND TRAUER ÜBER JEDES VERLORENE HAAR.

UND WIE GEHT ES DIR?

Natürlich könntest du dir sagen: Wenn ich mich ärgere, bin ich es doch selbst, der sich ärgert. Also, warum lasse ich das nicht ganz einfach?

Leichter gesagt als getan.

Normalerweise kennen Menschen nur zwei Reaktionen auf Unangenehmes: unterdrücken – das ist ungesund – oder ausagieren – das trainiert das Sich-Ärgern. Und wer will das schon?

Doch es gibt etwas Besseres: einfach nur wahrnehmen.

Auf diese Weise erzählst du dir und anderen nicht wieder und wieder deine Ärger-Story, wie du beim Bäcker warten musstest, weil die Lady vor dir sich nicht entscheiden konnte, ob sie lieber die Herren- oder die Schwarzwälder-Hirschtorte nehmen sollte. Oder doch lieber die halbgefrorene Sahnetorte mit den Rum-Rosinen, den Zartbitterschokosplittern und den getrüffelten Nuss-Nugat-Flöckchen? Und schließlich fing sie auch noch an zu diskutieren! Als ob die Geschmäcker nicht verschieden wären. Der eine mag eben lieber Hirsche, der andere lieber Herren in Rum.

Das alles sagst du aber nicht. Kein Wort. Nada. Weil du dich nicht in deinen Ärger hineingesteigert hast. Stattdessen blieb es bei den körperlichen Empfindungen. Und was haben wir da? Einen Schweißausbruch – wie in der Sauna. Erhöhten Blutdruck – wie beim Lotto-Gewinn. Schmetterlinge im Bauch – wie bei einem Date mit Brad Pitt oder Kim Basinger. Also, da gibt es wirklich Schlimmeres!

Nun ist „einfach nur wahrnehmen“ trainingsbedürftig. Deshalb hier die alternative Instant-Variante: drüber lachen. Das empfiehlt auch Joachim Ringelnatz: „Humor ist der Knopf, der verhindert, dass uns der Kragen platzt.“

Humoristen beten sogar jeden Morgen: Lieber Gott, bitte lass heute ganz viel schief gehen, damit ich ganz viel zu schreiben habe …

Und es funktioniert! Heute zog ich die Jalousie hoch. Genau genommen zog ich am Band und die Schwerkraft zog an der Jalousie. Die Schwerkraft siegte, und ich musste im Dunkeln Witze machen. Das nennt sich schwarzer Humor.

In der Mittagspause stellte ich fest, dass jemand meinen Heckscheibenwischerarm abgebrochen hatte. Ganz klar, der Jemand brauchte einen Kamm, der Arme, ein Glatzköpfiger.

Aber morgen bete ich nicht, dass ganz viel schief geht. Da spielt Deutschland im Achtelfinale …

Wenn du im Drüber-Lachen noch nicht so geübt bist, kannst du für den Anfang auch das negative Urteil abmildern. Oder zurücknehmen und umdrehen.

Hier einige Beispiele:

Du hast dich erkältet?

Fein, dann nichts wie ran an deinen Lieblingsfeind.

Du bist seit Jahren hinter der süßen Maus aus der Poststelle her? Und immer vergeblich?

Fein, dann wirst du als Katze wiedergeboren und musst keine Steuererklärungen mehr machen.

Du wurdest beim Onanieren ertappt?

Gar nicht fein. Aber es gibt Schlimmeres.

Abwehr gegen Unerwünschtes gibt es aber nicht nur in der zähnefletschenden Variante, sondern in allen möglichen Farben und Formen. Mehr dazu im zweiten Teil, in dem wir auch über den buddhistisch korrekten Umgang damit sprechen werden.

Uninteressant!

Wie oben erwähnt, gibt es nicht nur angenehme und unangenehme Erfahrungen, sondern auch neutrale. Als automatische Reaktion hierauf nannte der Buddha die Ignoranz. Das heißt: Man kriegt nichts mit, schnallt es nicht oder sieht einfach nicht hin. Wie in den folgenden Beispielen:

Sie sind zu dick.

Wo?

Nun schubsen Sie mich doch nicht dauernd vom Bussitz herunter.

Ihr Parfum …

… gibt's für 1,99 beim Aldi.

(Würgt.)

Ich sagte, beim Aldi, nicht auf dem Fußboden.

Ihre Kettensääääägeeeee!!! Aaaaah!!! Ooooooh!!!

Wie, bitte?

Davon wacht mein Goldfisch auf.

Die automatische Reaktion der Ignoranz kann aber nicht nur im Alltag hinderlich sein, sondern auch für die Erleuchtung. Zum einen, weil den Ignoranten der ganze Shit am A... vorbeigeht. Das bedeutet, dass sie nicht so heftig leiden und darum nicht auf Buddha-Fahrt ins wahre Glück gehen.

Außerdem entgeht ihnen viel Schönes, weil sie so unsensibel sind wie eine Mumie. Ohne Wiederbelebungsoption. Der kannst du vorlesen, was du willst: das Buch der Toten, das Buch der Lebenden, die schärfsten Brüller aus „Buddha ist, wer trotzdem lacht" – keine Reaktion.

Neutrales könnte, wenn man es denn wahrnehmen würde, aber nicht nur als wunderschön oder lustig erlebt werden, sondern auch als ungemein entspannend.

Das kannst du gleich einmal ausprobieren.

ÜBUNG: NEUTRALE ERFAHRUNGEN

DENKE AN DIE WIDRIGKEITEN, DIE DICH GERADE HEIMSUCHEN KÖNNTEN. ZUM BEISPIEL, DASS DU MIT DEINEM GESCHÄFT PLEITE BIST, DEIN SOHN BEIM DEALEN ERWISCHT WURDE UND DU DEINE FRAU/DEINEN MANN BEI IHREM YOGALEHRER/SEINER YOGALEHRERIN IM BETT ÜBERRASCHT HAST. DENKE GANZ INTENSIV DARAN, MALE ES DIR RICHTIG AUS.

UND NUN DENKE GENAUSO INTENSIV AN EINE SOMMERSPROSSE VON HERRN KUAN PING AUS TSCHINGBUM. BITTE, NIMM DIE DRITTE SOMMERSPROSSE VON LINKS. MALE SIE DIR RICHTIG AUS, IN 3D UND IN FARBE – SCHWARZ, BRAUN ODER BLOND, GANZ EGAL.

UND NUN SPÜRE EINMAL TIEF IN DICH HINEIN. WELCHES SZENARIO HAST DU ALS ENTSPANNENDER EMPFUNDEN?

Ignoranz wird gern auch mit wahrem Gleichmut verwechselt. Aber Buddha bewahre! Seine größte Trumpfkarte war Bewusstheit und Erkenntnis.

Diese ist auch vonnöten, wenn es darum geht, die tiefste Ursache allen Leidens zu überwinden: die Illusion.

Illusion

Sehr beliebt ist die Illusion, dass Vergängliches solide und unkaputtbar sei, obwohl man doch den lieben langen Tag das Gegenteil erfährt. Das fängt schon am frühen Morgen an mit den süßen Träumen, der Morgenlatte und dem Zuckerstückchen im Kaffee.

Und wenn es nicht sofort verschwindet, verändert es sich. Andauernd. So auch wir. Wir werden älter, die Haare werden grau, und irgendwann schmeckt uns nicht einmal mehr unser Lieblings-Schnuller.

Viele hören gar nicht gern, dass alles vergänglich ist. Ja, alles, was ist. Und auch das, was nicht ist, denn es könnte ja jederzeit entstehen wie Eisregen und Tornados. Oder witzige Einfälle.

Aber es gibt ja auch noch was anderes, nämlich das, was weder ist noch nicht ist, nicht beides zugleich und nicht keins von beidem. Wir sprachen darüber im Zusammenhang mit Buddhas Beschreibung vom Nirwana (siehe Seite 11). Aber das ist schwer zu finden. Unterm Sofa habe ich auch schon nachgeschaut. Da waren nur die Hempels.

Eine weitere weit verbreitete Illusion ist die, dass irgendetwas getrennt vom Rest der Welt sei: Lebewesen, Kontinente und Inkontinente. Das stimmt aber nicht. Vielmehr ist alles verbunden miteinander. Gut, bei Brad Pitt habe ich nichts dagegen. Aber was ist mit …? Ähm, was ist eigentlich so schlimm an Illusionen?

Diese machen wir uns übrigens auch über das liebe Ich. Auch das ist nicht unabhängig vom Rest der Welt. Ja, eigentlich ist es nur eine Illusion. So jedenfalls wird der Buddha oft verstanden. Darum sagen manche Buddhisten mir dauernd:

„Dich gibt es eigentlich nicht.“

Und dann weinen sie, wenn ich ihnen darauf antworte, dass sie ihre tausend Euro also niemandem geliehen haben.

Andere verstehen den Buddha so, dass nur unsere gewöhnliche Ansicht von unserem Ich eine Illusion sei, und zwar die Vorstellung von Ich-bin-dies oder Ich-bin-das. Immer.

Was aber ist mit dem reinen Ich-bin? Laufend werden sich Menschen ihrer selbst bewusst. Sie erfahren das Ich-bin als vollkommen real, und es schmeckt nach Ewigkeit. Ob es das ist, kannst du gleich einmal ausprobieren:

ÜBUNG: ICH BIN

STELL DIR VOR, DIE MÖBEL, DINGE UND BESUCHER IN DEINEM ZIMMER SYMBOLISIEREN DIE SINNESERFAHRUNGEN, GEDANKEN UND GEFÜHLE, DIE KOMMEN UND GEHEN.

DU SELBST BIST DAS ICH (BEZIEHUNGSWEISE DIE ICHS, WENN DU EINE MULTIPLE PERSÖNLICHKEIT HAST).

WAS PASSIERT, WENN IHR UMZIEHT?

Das führt zu der schwierigsten Frage, die sich die Menschheit je gestellt hat: Hören Schwiegermütter auf zu existieren, wenn man sie nur lange genug nicht besucht?

Und was ist mit dem Zimmer, dem Bewusstsein an sich? Wohin geht der Raum des Bewusstseins, wenn er leer ist? Stürzen die Wände ein? Und wo ist das Bewusstsein, wenn wir es verloren haben? Woher kommt es wieder? Und warum schaltet es sich bei manchen Männern ab, wenn sie großbusige Blondinen sehen?

Eine dritte, sehr häufig auftretende Illusion ist die Vorstellung der Menschen, äußere Umstände und andere Menschen seien dazu da, sie glücklich zu machen. Tun sie aber nicht, zumindest nicht auf Dauer. Ich weiß das. Ich habe oft genug versucht, einen Mann dazu zu bringen, mich glücklich zu machen. Er hatte meist was anderes vor. Und je mehr ich ihn deswegen zur Schnecke gemacht habe, desto öfter hatte er was anderes vor.

Dieses dritte Daseinsmerkmal, über das wir uns gern Illusionen machen, heißt übrigens „dukkha", was oft mit „leidvoll" oder „unbefriedigend" übersetzt wird, wie bereits erwähnt. Tatsächlich können andere Menschen und äußere Umstände uns selten vollkommen zufriedenstellen. Das kann nicht mal der tollste Orgasmus. Irgendwann hört er auf.

Und wenn nicht – umso schlimmer.

Wann hört das endlich auf?

Interessant ist übrigens, dass der Buddha als drittes Daseinsmerkmal – neben der Vergänglichkeit und der Interdependenz – an einigen Stellen gar nicht Dukkha nennt, sondern Nirwana.

Es kommt also nur auf uns an, auf unseren Blickwinkel, unser Erleben. Statt Leid können wir auch Glück erfahren. Pausenlos und wie blöd. Nicht nur ab und zu einmal, wenn Bayern München gewonnen hat.

Oder verloren.

Davon handelt die dritte Edle Wahrheit: Leid kann überwunden werden. Du kannst immer glücklich sein, in jeder

Sekunde deines Lebens. In jeder Faser deines Seins kannst du von Glückseligkeit durchdrungen sein.

Siehst du nun, was für ein genialer Seelenarzt der Buddha war?

In der ersten Edlen Wahrheit stellt er die Diagnose: Mein lieber Mensch, was du hast, das nennt sich Leiden.

In der zweiten erforscht er die Ursachen: Offenbar hast du keine Ahnung, wie alles zusammenhängt. Und wenn, dann hättest du es gern anders und haftest an Dingen, die vergänglich sind, wehrst dich gegen etwas, mit dem du verbunden bist. Und den Rest ignorierst du einfach, zum Beispiel den Sonnenuntergang, den Vogelgesang und die rote Ampel. Das kann nicht gut gehen.

Sodann spendet der Buddha Trost und Hoffnung: Das ist wirklich schlimm. Doch es kann überwunden werden.

Wie?

Durch Aufwachen.

Keine Sorge, du musst jetzt nicht mit dem Wachturm auf die Straße. Aber du kannst dir mal anschauen, wie der buddhistische Weg zur Aufhebung allen Leidens aussieht. Davon handelt nämlich nicht nur die vierte Edle Wahrheit, sondern auch der nächste Teil dieses Buches.

Der buddhistische Weg

„Weißt du, wie du am schnellsten zum Ziel kommst?"
„?"
„Du sagst einfach: Ich bin genau da, wo ich immer sein wollte."

Ja, so schnell kann es gehen …

Solltest du am Ziel aber feststellen, dass du noch immer nicht so durch und durch glücklich bist, kannst du Buddhas achtfachen Pfad beschreiten. Dieser ist in drei Gruppen eingeteilt: Weisheit, Ethik und Vertiefung.

Obwohl die Weisheit eigentlich das Anspruchsvollste im Leben ist, kann sie hier schnell abgehandelt werden: Im Kontext des achtfachen Pfades beinhaltet sie lediglich die „Rechte Erkenntnis" – die Einsicht in die vier Edlen Wahrheiten – und die „Rechte Gesinnung", allem Unheilsamen zu entsagen.

Wenn du also die letzten beiden Kapitel verstanden hast und weiterliest, um glücklicher zu werden, hast du die Weisheit schon im Sack.

Wenden wir uns nun der Ethik zu.

Erbsen- und Linsenzählerei

Es entbehrt nicht einer gewissen Komik, dass ausgerechnet ich nun über Ethik schreiben soll. Da könnte man besser eine Schnecke zum Gärtner machen. Oder den Papst zur Puffmutter.

Aber ich gebe mein Bestes. Wenn der Papst schon Röcke trägt …

Allerdings war ich nie besonders brav. Wenn es Geschrei im Kinderzimmer gab, stürmte meine Mutter herein und gab mir einen Klaps. Sie wusste, dass ich die Schuldige war. Immer.

Natürlich war ich stets bemüht, ihre Erwartungen zu erfüllen. Doch manchmal konnte ich es mir einfach nicht verkneifen, brav zu sein.

Wenn ich dann allerdings gegen ihr Urteil Einspruch erhob und genauso eloquent wie überzeugend darlegte, dass ich ausnahmsweise einmal unschuldig war, gab es noch einen Klaps.

Wegen all der Klapse staute sich in mir die Wut, und ich dachte immer öfter an Mord und Totschlag. Doch ich war zu intelligent, um zur Missetat zu schreiten. Darum malte ich sie mir nur aus und schrieb Krimis.

Warum ich das heute nicht mehr mache?

Irgendwann konnte ich die Wünsche der Verlage nicht mehr erfüllen.

„Schreiben Sie einen Regio-Krimi aus Posemuckel; alles andere hatten wir schon", hieß es oder: „Schreiben Sie was über Serienkiller; das geht immer. Aber denken Sie daran: Spätestens auf Seite elf müssen Sie Ihre erste Jungfrau häuten. Sonst haben Sie keine Chance."

Das fand ich zu grausam. Ich liebte meine Figuren, versetzte mich in sie hinein, litt mit ihnen mit. Und nun sollte ich mich in eine Jungfrau einfühlen! Die Ärmste! Sie hatte das erste Mal doch noch vor sich!!!

Also hörte ich mit den Krimis auf und arbeitete daran, brav zu werden. Das ist doch keine Schande, sagte ich mir, und auch nicht wirklich uncool. Schließlich kommt es vom englischen „brave" und heißt mutig, heldenhaft und unerschrocken.

Auf buddhistisch heißt das: Rechte Rede, Rechtes Handeln, Rechter Lebenswandel.

Linke finde ich ja auch okay. Nur gab's die damals noch nicht. Sonst hätte der Buddha sie sicher auch erwähnt.

Spätestens jetzt wird klar, dass ethische Regeln zeit- und kulturabhängig sind. So finden wir es hier und heute nicht mehr okay, Sklaven zu halten oder Hexen zu verbrennen. Andererseits können wir es durchaus tolerieren, wenn andere das Essen auf ihrem Teller nicht genauso hinlegen, wie die buddhistischen Ordensregeln es vorschreiben.

Wenden wir uns nun den einzelnen Kategorien zu und beginnen mit dem Rechten Lebenswandel, der sich auf die berufliche Tätigkeit bezieht.

Rechter Lebenswandel

Insbesondere ist es nicht immer okay Handel zu treiben. Berufe, von denen selbst Laienanhängern abgeraten wird, sind: Handel mit Waffen und Lebewesen, Fleisch, Giften und Rauschmitteln sowie Tierzucht."

Tauben züchten geht also nicht. Apotheker sind auch ganz schlimme Finger. Und wehe, du verkaufst Primeln auf dem Markt!

Was aber ist mit der Kassiererin im Supermarkt? Kann sie keine Erleuchtung mehr erlangen, wenn sie eine Primel über den Scanner zieht? Und was, wenn sie das gar nicht gewohnheitsmäßig macht, sondern nur ab und zu einmal – kann sie dann nicht wenigstens eine kleine Erleuchtung haben?

Noch komplizierter wird das Ganze dadurch, dass alles mit allem zusammenhängt (siehe Seite 39). Im Prinzip gibt es also gar keine Alleinschuldigen, wie die Kassiererin. Schuldig sind auch der Primel-Kunde, der Primel-Brummi-Fahrer und die Bauarbeiter, die den Primel-Supermarkt errichtet haben. Letztendlich sogar die Primel selbst. Was muss sie auch so unverschämt blühen?

Du siehst, dass die Schuldfrage selten weiterführt. Darum werden im Buddhismus für eventuelle Verfehlungen auch keine ewigen Höllenqualen angedroht, sondern nur mieses Karma. Das heißt: Irgendwann kommst du auf Bewährung raus.

Die Lage entspannt sich weiter dadurch, dass es im Buddhismus keinen strafenden Gott gibt. Genau genommen gibt es gar keinen Gott. Und auch keine in Stein gemeißelten Gebote, sondern nur gut gemeinte Hinweise. So auch der Hinweis darauf, in welchen Berufen du es schwer haben könntest mit der Erleuchtung.

BUDDHA-TIPP: LEBENSWANDEL

AUGEN AUF BEI DER BERUFSWAHL!

Aber was ist mit den Politikern, wirst du dich nun fragen. Kommen die etwa schnurstracks ins Nirwana?

Rechte Rede

Nein, auch Politiker müssen erst mal draußen bleiben, weil es zu ihrem Jobprofil gehört zu schwatzen und zu verleugnen, zu lügen und zu beleidigen. Und genau diese Merkmale kennzeichnen die unheilsame Rede.

Also auch kein Smalltalk mehr.

Wie gut, dass es die WhatsApp gibt.

Auch die weiteren Punkte sind beherzigenswert: beleidigen und verleugnen ist wirklich nicht nett und lügen ist ziemlich stressig, weil man sein Lügengebäude ausschmücken muss, um es glaubhaft zu machen. Und manche Verzierungen kauft der eine einem ab, der andere aber nicht. Außerdem kann der eine dieses nachprüfen, der andere jenes. Kurzum: Du musst jedem eine andere Geschichte auftischen. Mit hunderten von Details! Das kann sich doch kein Mensch merken! Glücklicherweise … meistens auch die Zuhörer nicht.

Dennoch lebt es sich mit der Wahrheit entspannter.

Doch wer kennt die schon? Im Grunde weiß kaum jemand aus eigener Erfahrung, ob es am Nordpol wirklich Eisbären gibt, ob Neil Armstrong auf dem Mond war und ob es tatsächlich bereits gelungen ist, ein isoliertes Maltose-bindendes Protein über einen biomolekularen Anker und eine Komplexierung mit Nickel an eine selbstorganisierte Monoschicht auf einer Goldelektrode zu binden. Für die meisten Menschen beruht das alles auf Hörensagen.

Auch dem eigenen Erleben kannst du selten trauen. Man täuscht sich so leicht. Wissenschaftlichen Studien zufolge glauben nämlich fast alle, sie seien überdurchschnittlich intelligent und könnten überdurchschnittlich gut Auto fahren. Wie ist das möglich?

Und woher weißt du, ob du heute schon gefrühstückt hast? Vielleicht hast du das nur geträumt. Deshalb wurde doch auch das zweite Frühstück erfunden.

Kurzum: Es ist gar nicht so leicht, bei der Wahrheit zu bleiben.

Und zugleich höflich zu sein …

Genau das gehört nämlich auch noch zu den Merkmalen der heilsamen Rede: Sie soll „wahr, höflich, zweckmäßig und aus liebevoller Gesinnung" gesprochen sein. Und das auch noch „zur rechten Zeit".

Wann soll das sein? Nie?

BUDDHA-TIPP: REDEN

MUND ZU!

Nun weißt du, warum auf den meisten buddhistischen Retreats, den Meditations-Klausuren, geschwiegen wird. Und du dachtest, damit keiner übers Essen meckert …

Rechtes Handeln

„Rechtes Handeln" – die dritte Kategorie buddhistischer Ethik – „vermeidet Töten, Stehlen und sinnliche Ausschweifungen."

Das lobe ich mir. So knapp und klar, das kann sich jeder merken. Und leicht zu befolgen ist es auch: Nicht töten – wer hat schon den Drang? Nicht stehlen – das muss nicht sein. Und … war da noch was? Kann nicht sein. Also endlich einmal eine Tugend-Disziplin, in der auch ich glänzen kann.

Dachte ich …

Bis ich erfuhr, dass sich „nicht töten" auf ALLE Lebewesen bezieht. Auch auf Politessen.

Glücklicherweise geht Autofahren sowieso nicht mehr. Wegen der vielen Kleinstlebewesen in der Luft und auf dem Boden. Problematisch sind darum auch Spaziergänge im Wald. Atmen auch.

Noch schwieriger wird es mit dem Rechten Handeln, wenn man sich an die fünf Silas, die Tugendregeln für Laien, halten will. Hinzu kommt auch noch das Nicht-Lügen – das hatten wir im vorigen Absatz schon – und das „Abstehen von der Einnahme berauschender Mittel".

Wie bitte? Darf ich jetzt keine kleinen, bunten Smarties mehr naschen? Und kein Lach-Yoga, nur, weil ich davon high werde? – Es ist wirklich nicht leicht, gar keine Endorphine mehr zu sich zu nehmen …

Dabei helfen einem die acht Silas, empfohlen für alle, die es ernster meinen mit der buddhistischen Tugend.

Hier kommen zu den fünf Silas für Einsteiger noch folgende Verhaltensregeln dazu:

- Nichts essen zwischen zwölf Uhr mittags und Sonnenaufgang.
- Nicht tanzen, singen oder musizieren, keine Unterhaltungsveranstaltungen besuchen; keinen Schmuck tragen; keine

Duftstoffe oder Kosmetika zur Verschönerung des Körpers tragen.

- Nicht auf einem hohen und üppigen Lager liegen.

Und auf Retreats wird's auch noch zölibatär.

Die Ordensregeln

Wenn einem die Endorphine immer noch nicht vergehen, hält man sich an die Ordensregeln. Dann ist es mit den Biene-und-Blümchen-Spielen endgültig vorbei.

Insgesamt müssen Mönche über zweihundert Regeln befolgen, Nonnen über dreihundert.

Das erinnert an den Stabhochsprung. Da begeben sich die Jungs und Mädels ständig in Gefahr und trainieren unglaublich hart, auch wenn sie lieber kleine, bunte Smarties essen oder sich parfümieren würden. Und was passiert bei der Olympiade? Da legen sie die Latte immer höher, bis keiner mehr drüber kommt. Ja, wie grausam ist das denn!

Moderne Pädagogik geht anders: Sobald jemand die Latte reißt, wird der Wettbewerb beendet. Die anderen trösten ihn, und alle bekommen einen Pokal. Auch der Lattenreißer. Der bekommt zum Trost den größten.

Blöd nur für diejenigen, die echt was drauf haben. Da wird der Winner zum Loser.

Im Buddhismus hat sich dieses Verfahren noch nicht etabliert. Da wird die Buddha-Latte immer höher und höher gelegt. Bis keiner mehr drüber kommt.

Die genaue Anzahl der Regeln variiert je nach der betreffenden Ordenslinie. Aber immer gibt es diese Differenz von fast einhundert Extra-Regeln für Frauen darüber, wie genau sie den Mönchen Respekt zu erweisen haben.

Und dabei auch noch ehrlich sein …

Einige Regeln kann ich ja noch nachvollziehen, so etwa die Vorschrift, wie oft und wie man sich baden darf, nämlich, ohne andere nass zu spritzen oder zu erschrecken. Und dass man kein Gold und Silber bzw. kein Geld berühren oder besitzen darf. Wie schön! Ohne Geld auch keine Geldsorgen mehr.

Selbstverständlich muss es auch eine Kleiderordnung geben, damit jeder gleich sieht: Das ist kein Penner, sondern ein Mönch mit seiner Almosenschale.

Aber muss das Gewand wirklich so genau vorgeschrieben werden?

So heißt es unter anderem, man solle „das Untergewand rundherum anziehen". Das bedeutet: „Der obere Teil soll den Nabel, nicht jedoch den Brustkasten bedecken, der untere Teil die Waden zur Hälfte bedecken, nicht jedoch die Fußknöchel erreichen, so dass es weder vorne noch hinten hinunterhängt."

Auch das Obergewand ist „rundherum anzulegen, indem man die beiden unteren Ecken auf gleicher Höhe aufeinanderlegt. Die Länge soll wie beim Untergewand verstanden werden. Beide sollen auf gleicher Höhe sein."

Moment mal! Fehlt da nicht oben rum ein Stück? Vor allem bei den Nonnen?

Kleine Gesetzeslücken gibt es auch beim Essen. So heißt es, man dürfe „gewürzte Hülsenfrüchte oder Gemüse nicht, aus dem Wunsch heraus, mehr zu erhalten, mit gekochtem Reis bedecken."

Offenbar sind Erbsen und Linsen genau abgezählt. Und wer ein paar mehr haben möchte, muss sie schon unter dem Salat verstecken.

Abgesehen von diesen kleinen Gewand- und Salatfreiheiten ist das Leben der Mönche und Nonnen ziemlich streng. Trotzdem gibt es hierfür einen Bewerber-Überhang, weil die Anforderungen – sowohl an die Kandidaten als auch an die ordinationsberechtigte Versammlung – sehr hoch sind.

Allerdings frage ich mich, ob diese Regeln für Menschen hier und heute passend sind, oder auch nur im Sinne des Erfinders. Der Buddha ordinierte sich nämlich kurzerhand selbst. Ohne die vierstufige Prozedur zu durchlaufen. Ohne hunderte von Gelübden abzulegen. Vielmehr zog er sich einfach um und schnitt sich die Haare ab.

Für ihn waren die ganzen Regeln sicher nicht nötig. Er war aus dem Schlaf der Unwissenheit erwacht, hatte die Allverbundenheit realisiert. Und wer mit seinem Körper-Geist verbunden ist, unterlässt ganz natürlich die Hälfte aller möglichen Dummheiten. Die andere Hälfte entfällt durch das Bewusstsein der Verbundenheit mit anderen. Darum würde ein Buddha nie ungebührlich viele Erbsen oder Linsen nehmen.

Auch seine ersten Anhänger ordinierte der Buddha ganz locker flockig – er forderte Shariputra und andere einfach auf:

„Kommt hierher, Mönche!"

Und alle, die vortraten, waren damit ordiniert. Auch wenn sie von ihrem Hintermann geschubst worden waren.

BUDDHA-TIPP: HANDELN

HALT DIE FÜßE STILL!

Die Moral von der Geschichte

Eigentlich müsste über diesem Kapitel stehen: „Für Jugendliche unter 18 Jahren nicht geeignet; erst nach 22 Uhr zu lesen", damit man sie nicht durch das Moralpredigen auf dumme Gedanken bringt.

In buddhistischen Klöstern kommt erschwerend hinzu, dass diese Regeln immer wieder rezitiert werden. Da wächst die Lust an der Übertretung ungemein.

Möglicherweise ist das aber auch der Sinn der Sache: damit Nonnen und Mönche viel Spaß haben, wenn sie ihr Obergewand nicht genau auf Ecke legen oder ein paar Linsen unter ihrem Reis verstecken.

Noch mehr Spaß gibt es in den nächsten beiden Kapiteln mit der so genannten Vertiefungsgruppe, zu der Rechtes Streben, Sammlung und Achtsamkeit gehören.

Die Insel der Seligen

Im Buddhismus wird das Leiden nicht verdrängt, ausagiert oder in Schnaps ertränkt. Vielmehr erlauben wir ihm, da zu sein. Und auch wieder zu gehen … irgendwann …

Bis dahin machen wir es uns gemütlich mit Buddhas Übungen zur Sammlung. Diese schenken mehr Glück, als du dir in deinen kühnsten Träumen ausmalen könntest.

Oder in deinen feuchtesten.

Das Problem ist: Du musst diese Übungen auch machen. Und zwar nicht nur einmal.

Manche werden da schnell ungeduldig. Sie wollen Erleuchtung, Glück und Segen immer sofort, besser schon gestern.

Oder doch wenigstens in einem früheren Leben. Dafür zahlen sie gern ein Heidengeld und machen Sachen, die bei Licht und Verstand betrachtet, ziemlich idiotisch sind.

Leider funktionieren Instant-Beglückungs-Methoden nicht – jedenfalls nicht auf Dauer, sondern nur für ein paar Instant-Momente. Damit gab ich mich nicht zufrieden. Ich wollte wirklich glücklich sein.

Rechtes Streben

Wirklich etwas ändern zu wollen, ein neues Leben zu führen, heißt auf Buddhistisch: Rechtes Streben – das ist das erste Element in der Vertiefungsgruppe.

Dabei geht es vor allem um den festen Entschluss, Unheilsames durch Heilsames zu ersetzen. Dies kannst du nach deiner eigenen Fasson machen. Der Buddha empfiehlt unter anderem die so genannten „vier großen Geisteshaltungen" Gleichmut und Wohlwollen, Mitgefühl und Mitfreude.

Gleichmut bewährt sich angesichts alltäglicher Ärgernisse. So konnte auch ich mich erst neulich wieder in Gleichmut üben: Ein Schnürsenkel meiner brandneuen Sneakers ist gerissen. Ich will ihn einschicken, die Garantie ist noch nicht abgelaufen. Jedoch habe ich keine Briefmarken mehr und will losfahren, um welche zu kaufen, aber mein Auto springt nicht an. Also gehe ich zu Fuß, tappe in einen Hundehaufen, vorbei an einem knutschenden Pärchen – mein Liebster und irgendeine Schnepfe … Und schließlich der Hammer: Die Post hat das Porto erhöht! Schon wieder! Und gleich um acht Cent! Wie können die mir das bloß antun?!!!

Natürlich hätte ich mich nun maßlos ärgern können. Aber das habe ich bei der letzten Erhöhung schon gemacht und es hat nichts gebracht. Also zucke ich nur die Achseln, nehme eine

Prise Gleichmut und sage: „Shit happens, doch ich muss nicht darunter leiden."

Aber acht Cent! Dafür könnten sie die Briefe in seidengefütterten Schatullen transportieren, in vergoldeten Kutschen, vom Post-Chef persönlich.

Aber tun sie das?

Nein!!!

Gut, wenn Gleichmut nicht geht, gibt's immer noch Wohlwollen oder liebende Güte, wie „Metta" auch übersetzt wird. Das hilft immer und es ist genug für alle da. Auch für mich.

Also nehme ich gleich eine große Portion und sage mir: „Möge ich glücklich sein, obwohl die Post das Porto schon wieder erhöht hat wegen ihrer seidengefütterten Schatullen. Polyester hätte es doch auch getan. Aber möge ich trotzdem glücklich sein. Möge ich glücklich sein. Möge ich wirklich, wirklich glücklich sein."

Und dann dehne ich das Wohlwollen aus, erst auf meine Lieben, danach auf Menschen, die mir eher gleichgültig sind wie den Postbeamten – schließlich kann der nichts dafür – und zuletzt auf Menschen, mit denen ich Schwierigkeiten habe wie den Post-Chef, der sich Millionen in die Taschen stopft, weil er meint, er bräuchte Klopapier aus Blattgold.

Gut, wenn es einen überfordert, dem Lieblingsfeind von Herzen Glück zu wünschen, reicht auch: „Möge sein Herz erfüllt sein mit liebender Güte." Womöglich wird er dadurch so glücklich, dass er kein blattgoldenes Klopapier mehr braucht und das Porto wieder gesenkt wird.

Wenn nicht, kannst du auch Mitgefühl üben. Mit dir, mit anderen. Mitgefühl ist immer gut, ist Salbei auf alle Wunden. Und lass dir von niemandem einreden, dies oder jenes sei bloß eine Lappalie und dass du dich längst darüber hinweggelacht haben müsstest, weil du doch dieses Buch hier liest. Entscheidend ist dein Empfinden und das gilt es zu respektieren. Dem öffnest du nun dein Herz. Und glaub mir: So ein weites, offenes Herz ist größer als die sieben Weltmeere. Darin kann jegliche Alltagspein baden gehen und sich auflösen – der Post-Chef gleich mit.

Wenn du nicht gar so heftig leidest, weil die Post … aber lassen wir das. Also, wenn du einfach nur gedrückter Stimmung bist, empfiehlt sich die vierte „große Geisteshaltung", die der Freude. Du besinnst dich auf irgendetwas Gutes in deinem Leben, wie den anderen Sneaker mit intaktem Schnürsenkel, und über den freust du dich dann wie Bolle.

Wenn du den anderen Sneaker nicht mehr findest, übst du Mitfreude mit allen, die zwei Sneaker haben.

Das kannst du gleich einmal ausprobieren:

ÜBUNG: MITFREUDE

WENN DU SCHLECHTE LAUNE HAST, HALTE AUSSCHAU NACH JEMANDEM, MIT DEM DU DICH FREUEN KÖNNTEST, ZUM BEISPIEL, WEIL ER SICH DEN PO MIT BLATTGOLD ABWISCHEN KANN. NUN FREUST DU DICH MIT IHM MIT.

Wärest du erleuchtet, wären die vier großen Geisteshaltungen längst zu deiner zweiten Natur geworden. Bis dahin aber gilt es, sie zu kultivieren. Das funktioniert nach dem Prinzip „Fake it and you make it“, welches auch beim Lach-Yoga so erfolgreich ist. Da lachst du nicht, weil du glücklich bist. Vielmehr bist du glücklich, weil du lachst.

Du kannst dich aber auch glücklich meditieren. Durch die Übung der Sammlung.

Sammlung

Wenn du durch Sammlung die Insel der Seligen erreichen willst, ist es allerdings nicht egal, was du sammelst – ob dich selbst oder Strickjackenknöpfe aus Hirschhorn oder Spendengelder für Tofalarisch, eine vom Aussterben bedrohte Sprache.

Der Buddha empfiehlt Ersteres.

Das ist kostenlos und zweckmäßig, denn du hast dich immer dabei. Außerdem setzt es keinen Staub an, schimmelt und rostet nicht. Aber vor allem bringt es Glücksgefühle, die alles toppen, was du bisher erlebt hast.

Davon kann ich ein Liedchen singen.

Meine erste Meditationsanleitung erhielt ich mit 17 Jahren in einem Volkshochschulkurs. Sie lautete:

ÜBUNG: SAMMLUNG

SETZ DICH AUFRECHT UND ENTSPANNT HIN UND LENKE DIE AUFMERKSAMKEIT AUF DEINEN ATEM. WENN DIE AUFMERKSAMKEIT SPAZIEREN GEHT, HOLE SIE ZURÜCK. WIEDER UND WIEDER UND IMMER WIEDER.

Tatsächlich gehört der Atem zu den beliebtesten Meditations-Objekten, doch ich hatte bald Schwierigkeiten damit, weil er mir abhandenkam. Wenn ich mich nämlich eine Weile auf ihn konzentriert hatte, wurde er sehr fein, sehr flach und hörte schließlich fast ganz auf.

„Keine Bange“, hieß es, “beim Meditieren ist noch keiner erstickt … jedenfalls nicht, dass ich wüsste …“

Aber wie sollte ich mich auf etwas konzentrieren, das fast nicht da war?

In meiner Not lenkte ich die Aufmerksamkeit auf den Bauch. Dort war der Atem kurz vorher noch zu spüren gewesen. Von dort musste er wieder auftauchen, dachte ich. Doch stattdessen spürte ich dort ein angenehmes Kribbeln und Vibrieren.

Habe ich Ameisen gefrühstückt? Sitze ich auf einer Waschmaschine?

Mitnichten. Aber was ist denn los?

Das konnte mir keiner sagen. In den Siebziger Jahren gab es in Deutschland kaum Menschen, die sich mit Energiephänomenen auskannten. Es gab auch kaum Bücher. Ich fand nur eines über Chakren. Doch ich hatte nicht das Gefühl, in meinem Bauch würden Lotosblumen oder schwarze Elefanten summen.

Später erfuhr ich beim Yoga etwas über pranische Aktivität. Im Buddhismus ist sie als die erste Stufe der Sammlung bekannt. Insgesamt gibt es acht davon – vier körperliche und vier unkörperliche. Und ich lernte sie alle kennen, turnte munter auf den verschiedenen Sammlungsstufen herum. Erst sehr viel später erfuhr ich von der buddhistischen Lehrerin Ayya Khema, dass man sie auch systematisch üben kann. Und das geht so.

Die Sammlungsstufen

Mit welchem Meditationsobjekt du beginnst, bleibt dir überlassen. Du kannst den Atem nehmen, ein Körperteil oder auch die Empfindungen, die sich in dir regen, während du dich in Mitfreude oder Wohlwollen übst. Hör- oder Seheindrücke sind auch okay, zum Beispiel Mozart oder das Meer. Hauptsache, sie bringen dich in die Ruhe und Geistesklarheit.

Wichtig ist, dass du den Geist immer wieder neu dorthin zurücklenkst, nicht abgleitest in Unbewusstheit oder traniges Dösen aber auch nicht auf deinen Gedankenpferden davongaloppierst.

Bist du eine Weile ohne allzu große Ablenkung bei deinem Meditationsobjekt geblieben, zeigt sich irgendwann dieses Vibrieren, das die erste körperlich empfundene Sammlungsstufe anzeigt. Manche erleben sie aber auch als ein Gefühl von Wärme oder Strömen, von physischem Wohlbehagen wie bei einer Wellness-Massage. Aber nicht von der Dame mit den kalten, spitzen Fingern, sondern von der, die es wirklich draufhat. Und die hat nicht nur zwei Hände, sondern tausend und damit geht sie dir auch unter die Haut, bereitet dir Wonnen, die etwa 19 Quindezillionen intensiver sind als durch die allerallerbeste Massage.

Wenn du dich nun – statt auf dein Meditations-Objekt – auf diese Empfindungen konzentrierst, kommst du auf die zweite Stufe: reine, tiefe, ursachlose Freude. Endlich einmal eine Glücks-Pille ohne Nebenwirkungen. Ganz legal und kostenlos.

Manche sehen hier auch ein inneres Licht und halten sich bereits für erleuchtet, dabei ist noch nicht einmal das Ende der Sammlungsstange erreicht.

Lenkst du nämlich deine Aufmerksamkeit weiter auf diese Erfahrungen, kommst du nach einer Weile in einen Zustand, in dem du dich endlich, endlich einmal satt gefreut hast und 19 Quindezillionen mal so zufrieden bist wie ein frisch gewickelter, frisch gestillter Säugling.

Und wenn du nun bei dieser Zufriedenheit bleibst, erreichst du die vierte Stufe – tiefen Frieden.

Das klingt jetzt erst mal nicht so prickelnd wie reine, ursachlose Freude, Wonne und Glückseligkeit. Aber überleg doch mal: Wenn du in diesem großen Frieden ruhst, gibt es nichts mehr, was du jetzt noch wollen könntest.

Außer vielleicht, die vier unkörperlichen Sammlungsstufen zu erklimmen. Die erste ist eine Erfahrung von Weite, einem unendlichen Raum, der alles durchdringt und erhält. Und der ist immer da, auch wenn du gerade in der U-Bahn sitzt wie eine Sardine in der Dose.

Noch schöner wird es, wenn du auf der nächsten Stufe erlebst, dass diese Unendlichkeit erfüllt ist mit liebendem Bewusstsein und du dich vollkommen angenommen und geborgen fühlst.

Das ist durch nichts zu toppen. Deshalb heißt die nächste Sammlungsstufe „Nichts".

Und die letzte – „weder Wahrnehmung noch Nicht-Wahrnehmung" – ist zu subtil für Worte, weshalb ich sie nicht näher beschreibe, damit ich nichts Falsches sage. Aber ich will auch nicht nichts darüber sagen, sondern dir versichern, dass du nur fleißig üben musst, dann kannst du sie jederzeit weder wahrnehmen noch nicht wahrnehmen.

Und wozu das alles?

Vielleicht ist es nicht unbedingt so dein Ding, stundenlang die Sammlungsstufen hinauf und hinunter zu turnen, doch schon mit zwanzig, dreißig Minuten täglicher Sammlung kannst du dir das Leben schöner machen: dich besser entspannen, besser mit Stress umgehen und nachts besser schlafen – oder tagsüber, je nach Arbeitsplatz. Außerdem wird dein Haar dichter, dein Gesicht glatter, und die Zähne wachsen schneller nach.

Noch hilfreicher, insbesondere für die Transformation des Alltags, ist das Kultivieren von Achtsamkeit, dem dritten Element der Vertiefungsgruppe. Mehr darüber im nächsten Kapitel.

Alle Achtung

Wie gesagt, ging es dem Buddha primär um die Aufhebung von Leiden, um dein Glück. Wenn du dir einmal eine Extra-Portion davon gönnen möchtest, findest du es auf vier verschiedenen Ebenen, und zwar auf der:

1. des Körpers – Thermalbad, schönes Konzert, ein Sieben-Gänge-Menü … aber bitte nicht rückwärts essen, vor allem nicht auf der Achterbahn.
2. des Gefühls – Liebe, Freude, Mitgefühl … wenn du niemanden hast, der dein Herz erfreut, liebst du einfach deinen Lieblingsfeind.
3. der Sammlung – Wohlbehagen, Glückseligkeit, Zufriedenheit … Ich hoffe, ich habe dir im letzten Kapitel den Mund wässrig geschrieben, sodass du dich nun öfter mal in dich versenkst und dabei nicht nur alte Autoreifen findest.
4. der Weisheit, Freundschaft zu schließen mit dem, was ist.

Letzteres ist die Geisteshaltung der Achtsamkeit, die du den ganzen Tag einnehmen kannst, auch wenn du gerade nicht auf deinem Meditationskissen sitzt, allerlei Gedankenflusen durch deinen Kopf jagen oder dein Obergewand nicht auf

Ecke liegt. Achtsam und dabei glücklich sein kannst du immer, denn dann hast du immer, was du willst, weil du willst, was du hast.

Klingt einfacher, als es ist. Darum hier noch ein paar Hinweise.

Was heißt Achtsamkeit?

Nach meinem Verständnis bedeutet Achtsamkeit, bewusst und akzeptierend im Hier und Jetzt zu ruhen.

Ja, zu ruhen. Und das geht nur, wenn du dich innerlich von den Inhalten deines Bewusstseins löst, denn die kommen und gehen. Ständig. Wie die Bahn, wenn sie mal nicht streikt.

Wenn du achtsam bist, ruhst du stattdessen im weiten Raum des Gewahrseins, und zwar bewusst, denn sonst würdest du nicht bemerken, dass du glücklich bist.

Und wessen kannst du dir bewusst werden?

Allem, was von Moment zu Moment im Raum des Gewahrseins auftaucht, sich verändert und wieder auflöst.

Wenn du atmest, dann weißt du: „Ich atme." Wenn du gehst, dann weißt du: „Ich gehe." Wenn du einen Kunden bedienst und dein Toupet ist verrutscht, dann weißt du: „Ich bediene einen Kunden und mein Toupet ist verrutscht."

Und das akzeptierst du voll und ganz …

Das bedeutet aber nicht, dass du dein Toupet nie wieder gerade rücken dürftest. Vielmehr akzeptierst du alles, was du von Moment zu Moment erlebst. Vielleicht Gefühle von Verlegenheit? Die dürfen sein. Die Entscheidung, das Toupet gerade zu rücken? Okay. Entsprechend handeln? Warum nicht …

Auch ich konnte beim Schreiben einiges akzeptieren: Vergnügen an dem inneren Bild eines schnieken Beraters mit derangiertem Toupet. Das ist okay. Arbeit darf Spaß machen. Verlegenheit ob meines rustikalen Humors. Der darf sein. Ich stehe dazu.

Nun stellt sich die Frage: Wohin mit all der Akzeptanz und der Bewusstheit?

Natürlich ins Hier und Jetzt!

Nicht in die Vergangenheit, auch wenn damals alles, aber auch wirklich alles so viel besser war als heute. Oder schlechter.

Auch nicht in die Zukunft, in den nächsten Urlaub, ins Paradies mit sexuell raffinierten Jungfrauen oder Frauen verstehenden Marlboro-Typen. Egal, wie nett es da ist, wahres Glück findest du dort nicht. Auch keine Liebe, keine Kraft, keinen Frieden. Sagt der Buddha.

Gutes erleben kannst du immer nur hier und jetzt. Selbst wenn du dich gerade in den Bergen verirrt hast, ein Schneesturm aufzieht und der Akku von deinem Handy leer ist.

Ob die Bergwacht dennoch kommt, sei dahingestellt. Aber auf die Achtsamkeit kannst du dich verlassen, denn die ist schon da, hier und jetzt. Und sie kann einiges für dich tun.

Wozu soll das gut sein?

Vielleicht erinnerst du dich an das Kapitel „In Morpheus' unseligen Armen", in dem wir die emotionalen Reaktionen auf Angenehmes, Unangenehmes und Neutrales als die Wurzeln allen Leidens ausgemacht haben? Jeder normale Mensch sagt sich: Angenehmes ist gut und soll bleiben; Unangenehmes ist schlecht und soll gehen; Neutrales soll uns nicht weiter behelligen.

Tut es aber nicht.

Darum sind normale Menschen so oft unglücklich. Weil Hochzeitsfrisuren nicht bis zur Scheidung halten und die Hunde anderer Leute nie mit anderen Leuten spielen.

Deswegen kannst du Unmengen von Frust schieben. Oder du übst Achtsamkeit, bist ganz im Hier und Jetzt und akzeptierst, was da ist. Lässt Angenehmes einfach kommen und gehen, wie es selbst das möchte.

Nehmen wir als Beispiel das Musikhören. Stell dir vor, jemand hätte sich in eine bestimmte Note verliebt. Und die will er nun festhalten, an die klammert er sich, will nur noch diese eine Note hören für den Rest seines Lebens. Du aber weißt: Musik genießen geht anders, geht immer nur, wenn du alle Noten kommen und gehen lässt und – als besonderes Achtsamkeits-Highlight – auch die Stille hörst, welche die Musik umgibt und durchdringt.

Als achtsamer Mensch wirst du Neutrales auch nicht ignorieren. Du bekommst alles mit. Das ist die beste Alzheimer-Prophylaxe, die du dir gönnen kannst, und ein Jungbrunnen ohnegleichen, denn du wirst einfach nicht alt. Nicht etwa, weil du jung stirbst – und falls doch, hättest du mehr erlebt als viele Hundertjährige. Vielmehr bleibst du im Herzen jung und neugierig auf das Abenteuer Leben.

Selbst wenn es manchmal unangenehm ist. Sogar allein in den Bergen im Schneesturm mit leerem Handy-Akku akzeptierst du die Situation, wie sie nun einmal ist. So verlierst du keine Zeit und Kraft mit Lamentieren und Klagen, sondern setzt sie voll und ganz für deine Rettung ein und wirst darum nicht so schnell in den Schnee beißen.

Nun fürchten manche, Unangenehmes würde noch unangenehmer, wenn sie sich dem zuwenden, wenn sie sich erlauben, es bewusst zu erleben.

Das klingt logisch, stimmt aber nicht. Vorausgesetzt, du machst es richtig, nämlich ohne zu werten.

Das hat mir oft geholfen, so auch damals, als sich mein Trigeminusnerv entzündet hat. Google sagt, diese Schmerzen gehören zu den schlimmsten, die man haben kann. Das fand ich auch. Und die Schulmedizin hatte nichts anzubieten, was ich hätte schlucken mögen.

Also übte ich Achtsamkeit auf den Schmerz. Endlich einmal ein Meditationsobjekt, das sich immer wieder von ganz allein ins Gewahrsein schiebt. Da ist Meditieren leicht, das macht Laune.

Am Anfang hatte ich noch das Kopfradio an: „Sch…, tut das weh! Warum muss mir das passieren? Aua! Das hört gar nicht mehr auf. Das wird niemals aufhören. Aaaaah!!! So kann ich keine Kurse geben oder Bücher schreiben. Auaaa!!! Das ist mein Ruin!“

Diese Gedanken und Gefühle ließ ich einfach da sein, ohne sie weiterzuspinnen oder mich gegen sie zu wehren. Irgendwann wurde ihnen so langweilig, dass sie verdufteten. Da war nur noch Stille. Herrlich!

Dazu diese intensive körperliche Empfindung …

Hurra, ich war noch am Leben!

Wirklich sehr intensiv, diese Empfindungen! Wie bei einer Wurzelkanalbehandlung. Nur schärfer. Und regelmäßiger: drei Sekunden lang, dann sieben Sekunden Pause.

Plötzlich erkannte ich: Eigentlich hatte ich viel mehr Nicht-Trigeminus als Trigeminus. Vor allem, als ich das Gewahrsein ausdehnte. Ich spürte den unendlichen Raum, die offene Weite. Da war Bewusstheit und Herzenswärme. Aber kein Trigeminus weit und breit. Nur an einer kleinen Stelle, da blinkte er ab und zu mal auf. Ja, da war Schmerz. Aber er tat nicht mehr weh. Sehr interessant!

Fast war ich ein bisschen traurig, als mein Trigemmi, wie ich ihn mittlerweile liebevoll nannte, mich ein paar Tage später wieder verließ, obwohl Google mir versichert hatte, dass er von der treuen Sorte sei.

Dieselbe Strategie funktioniert übrigens auch bei unangenehmen Gefühlen wie Angst, Wut oder Traurigkeit. Hier ruht das Gewahrsein in den damit einhergehenden körperlichen Empfindungen und dehnt sich immer weiter aus, bis das Kopfradio schweigt.

Bereits als Kind habe ich damit die allerschönsten Erfahrungen gemacht. Schon damals katapultierten Todesängste mich in eine köstliche, sprachlose Präsenz. Später wieder, als ein Oberarzt mir versprach, dass ich sehr bald sehr qualvoll sterben würde. Das nahm ich als Einladung, intensiver zu meditieren. Und es war wunderbar! Oder zumindest interessant. Ganz nebenbei überlebte ich meinen Tod um viele Jahre und blieb auch noch gesund.

Wut ist ebenfalls ein dankbares Übungsfeld.

Das erinnert mich an die Geschichte mit meinem lieben Hans. Als deutsch-orthodoxer Priester hätte er heiraten dürfen. Aber nicht rumpussieren. Jedenfalls nicht öffentlich. Darum wusste ich nie, ob die Damen ihre Hingabe nicht nur beim Beten zeigten.

Einmal fragte ich ihn:

„Hast du was mit der Susanne?"

„Das hätte sie gern."

„Hast du oder hast du nicht?"

„Natürlich nicht!"

Aber warum, so fragte ich mich in der folgenden Nacht, steht dann ihr Fahrrad vor seiner Tür?

Unwissenheit und Ignoranz gehören ja auch zu den Geistesgiften. Aber nicht bei mir. Buddha bewahre! Ich wollte immer alles ganz genau wissen. Außerdem wollte ich der Susanne guten Abend sagen.

Allerdings schlief sie schon. In seinem Bett.

Das wunderte mich nicht. Schließlich war es bitterkalt und Susi so mager, dass ihr der Wind durch alle Rippen pfiff. Wahrscheinlich hatte der Hans sie nur wärmen wollen. Er war ja so ein guter, guter Mensch. Sicherlich hatte er ihr sogar seine Lieblings-Wärmflasche geborgt. Das wollte ich gleich einmal nachprüfen und schaute unter die Bettdecke.

Dabei stellte ich fest, dass sie unbekleidet waren. Und das bei der Kälte! Dazu die feuchten Flecken auf dem Laken …

Für die Wäsche war ich zuständig. Die musste gleich einmal gewechselt werden, beschloss ich, zog die Decke weg und bat sie, das Bett zu verlassen.

Als sie zögerten, hätte ich natürlich tief ein- und ausatmen können, damit mein Blutdruck wieder sank. Und damit ich meine Stimme nicht so strapazierte, als ich Hans erklärte, dass er verschwinden könne mit seiner Susi. Mit seiner Sulzinea! Bis ans Ende der Welt!!!

In dem Moment vergaß ich, dass auch die beiden Buddha-Natur hatten. Aber warum benahmen sie sich dann nicht entsprechend?

Plötzlich entdeckte ich leichte Anzeichen von Ärger bei mir. Die hätte ich nun wach und freundlich wahrnehmen können.

Den heißen Kopf. Die geballten Fäuste. Die Explosion im Bauch. Oh, da war so wunderbar viel Kraft. Die hätte ich dazu verwenden können … aber besser nicht vor Zeugen …

Was ich sagen wollte, ich meine, also ich hätte ja auch lächeln können, denn jedes Lächeln, auch das mechanische, stimmt heiter. Das hat Wiseman durch ein Experiment bewiesen. Dabei mussten die Versuchspersonen einen Bleistift zwischen den Lippen halten. Die einen längs. Die anderen quer. Und wer hatte nachher die bessere Laune? Natürlich die Queren. Darum ist „Karin" auch so witzig: Da ist dieser befreiende Explosivlaut, gefolgt von einem A, das den Mund auseinanderzieht, sodass der Bleistift quer reinpasst.

Doch in dem Moment vergaß ich meinen Namen. Und auch meine Menschenfreundlichkeit. Sonst hätte ich dieser blöden Schnepfe selbstverständlich geholfen, ihren String-Tanga zu suchen. Und ich hätte sie auch nicht an den Haaren gezogen.

Heute weiß ich es besser.

Letztendlich hilft es nicht auf Dauer, unangenehme Gefühle wie Wut, Angst oder Traurigkeit auszuagieren, zu bekämpfen oder zu verdrängen.

Im Grunde sind sie wie kleine Kinder, die um deine Aufmerksamkeit buhlen. Du kannst sie wegschicken, mit ihnen schimpfen oder ihnen einen Lolli in den Mund stecken, um deine Ruhe zu bekommen. Das funktioniert aber nur für kurze Zeit. Schenkst du den Emotionen und den damit einhergehenden Empfindungen aber deine ungeteilte Aufmerksamkeit, dann sind sie zufrieden und gehen nach einer Weile wieder von alleine spielen.

Es gibt alle möglichen Erklärungen, warum Achtsamkeit bei unangenehmen Empfindungen und Gefühlen so hilfreich ist. Vielleicht durch die Entspannung, die das Schmerzempfinden senkt. Vielleicht durch Desensibilisierung, das Training der Leidensfähigkeit oder die Aufgabe des Widerstandes, der dem Unerwünschten so immens viel Kraft gibt.

Wie auch immer, Hauptsache, es hilft. Und das sage nicht nur ich.

Achtsamkeit ist derzeit richtig in, wird eifrig studiert und gern als Allheilmittel gepriesen. Nicht nur gegen Stress und Süchte, Ängste und Depressionen, sondern auch gegen Computerabstürze, Kakerlaken und Männer mit Susis.

Klar, dass alle das gern lernen möchten.

Wie geht das?

Wie für die Sammlung gibt es auch für die Achtsamkeit eine kurze und klare Anleitung:

ÜBUNG: ACHTSAMKEIT

ÖFFNE DEIN FREUNDLICHES GEWAHRSEIN FÜR ALLES, WAS HIER UND JETZT DA IST.

„Das kannst und sollst du immer machen", habe ich Interessenten früher gern erklärt. „Vierundzwanzig Stunden am Tag, sieben Tage die Woche."

„So viel Zeit habe ich aber nicht", heißt es darauf. „Geht's nicht auch ein bisschen schneller? Sagen wir mal, so schnell wie meine Beruhigungspillen brauchen, bis sie wirken? Die will ich nämlich absetzen …"

„Für Achtsamkeit brauchst du gar keine Zeit."

„Hä? Ich dachte, vierundzwanzig Stunden!"

„Ja, aber keine Extra-Zeit", erkläre ich. „Weil du es immer machen kannst. Nebenbei. Während du deinen ganz normalen Alltag lebst."

An der Stelle schwant ihnen, dass ihr Alltag bald nicht mehr derselbe sein würde. Das macht ihnen Angst, und ich sehe sie nie wieder.

Darum pirsche ich mich inzwischen ganz behutsam an die Vierundzwanzig-Stunden-Übung heran. Ich beginne mit kurzen, abgeschlossenen Übungseinheiten. Und dabei müssen sie auch nicht gleich alles wahrnehmen, vielleicht erst einmal nur den dicken, großen Zeh, dort alle Empfindungen spüren. Sie einfach mal so sein lassen, wie sie gerade sind – ausgenommen, der Zeh liegt gerade auf einer heißen Herdplatte, dann darfst du ihn kurz wegziehen – und mit der Zeit das Gewahrsein weiter ausdehnen, vielleicht noch auf den Zeige-Zeh …

Leider beißen sich manche an ihrem dicken Zeh fest, das heißt, dass sie sich darauf konzentrieren. Und sie sind frustriert, wenn ihnen Gedanken durch den Kopf schwirren und sich nicht sofort vertreiben lassen. Daher sagen sie gern: „Das kann ich nicht, das lern' ich nie, das ist nicht mein Ding." Solche Leute sagen auch gern: „Jetzt habe ich schon eine Viertelstunde lang Tonleitern geübt und habe immer noch kein Engagement bei den Wiener Philharmonikern!"

Und überhaupt sind sie im falschen Kapitel – sie üben Sammlung. Im Kontext von Achtsamkeit aber könnten sie sich den Gedanken freundlich zuwenden, sie bewusst beobachten, sie zulassen, und schon hätten sie hundert Punkte. Außerdem würden sie feststellen, dass Zulassen der erste und einzige

Schritt zum Loslassen ist. Und danach klappt's auch wieder mit der Sammlung.

Wie gestalte ich meine Praxis?

Allmählich ist dir sicher klar geworden, dass Sammlung und Achtsamkeit ein glückliches Paar abgeben. Wie zwei Beine – zusammen tragen sie dich überall hin.

Auch in die Meditationshölle. Dort vermisst du in der Sammlung die offene Weite, das Gewahrsein aller Phänomene im Hier und Jetzt. Und in der Achtsamkeit vermisst du die totale Konzentration auf deinen dicken, großen Zeh.

Mit der richtigen Einstellung kannst du aber auch in den Meditationshimmel gehen.

ÜBUNG: SAMMLACHTSAMKEIT

ENTSCHEIDE DICH FÜR EIN MEDITATIONSOBJEKT UND ÜBE SAMMLUNG.

WENN SICH ETWAS SEHR HARTNÄCKIG IN DEIN GEWAHRSEIN SCHIEBT, WENDE DICH IHM ZU. LASS DIE INNEREN MONOLOGE SICH SELBST HALTEN UND ACHTE VOR ALLEM AUF DIE EMPFINDUNGEN. BEOBACHTE SIE WACH UND FREUNDLICH. UND DANN DEHNE DEIN GEWAHRSEIN AUS, BIS SICH DEIN PROBLEM IN DER UNENDLICHKEIT DES RAUMES VERLIERT.

KEHRE SCHLIEßLICH ZU DEINEM MEDITATIONSOBJEKT ZURÜCK UND GENIEßE DIE SICH VERTIEFENDE SAMMLUNG.

So kommst du in eine typische Win-Win-Situation: Entweder gewinnst du durch die Sammlung an Frieden, Freuden und Eierkuchen. Oder du gewinnst an Selbsterkenntnis, wenn du auf deine innere Susi achtest.

Sicher möchtest du das gern lernen und wirst dich nun fragen: Wo?

Wo lerne ich das?

Natürlich bei mir. Ich habe das alles von der Pike auf gelernt. Habe 1998, 2012 und 2063 die Meditations-Olympiade gewonnen und bin inzwischen so fest verankert im Hier und Jetzt, dass mich keine Susi der Welt mehr aus der Bahn werfen könnte. Außerdem bin ich so bescheiden, dass du dich neben mir nicht minderwertig fühlen musst.

Selbstverständlich kannst du dir gern auch andere Lehrerinnen oder Lehrer suchen. Im nächsten Kapitel erfährst du, wo.

Die buddhistischen Schulen

„Was sieht ein Friseur, wenn er einem Buddha begegnet?"
„?"
„Seine Frisur."

Bei der Erleuchtung geht es darum, unsere Friseurhaftigkeit zu überwinden und den ganzen Buddha zu sehen und nichts als den Buddha.

Das Dumme ist nur: Jeder Buddha hat eine Frisur. Das heißt, dass seine Lehren kulturellen und zeitlichen Vorlieben unterliegen.

Darauf werde ich auch eingehen, wenn ich über Theravada bzw. Vipassana, Zen und den tibetischen Buddhismus spreche. Diese Traditionen haben es zwar ins Hier und Jetzt geschafft, tragen aber oft noch Frisuren, die Japanern, Tibetern oder Südostasiaten vortrefflich stehen, aber bei mir sitzen sie manchmal so gar nicht gut …

Buddha-Brot mit Askäse

Die buddhistischen Traditionslinien sind gespickt mit Paradoxien. Eines davon besteht darin, dass die älteste und die jüngste Schule am engsten miteinander verwandt sind, weshalb ich sie in einem Kapitel besprechen möchte.

Wir beginnen mit dem Theravada-Buddhismus, der Schule der Älteren, die sich auf den allerältesten Buddhisten beruft, auf Mr. Buddha himself.

Aufgeschrieben hat er nichts, und seine Lehrreden wurden auch erst ein-, zweihundert Jahre nach seinem Ableben aufgezeichnet. So gingen die Meinungen darüber, was er gesagt oder gemeint haben könnte, mit der Zeit immer weiter auseinander. Zeitweise gab es bis zu 18 buddhistische Schulen.

Nach dem 3. Buddhistischen Konzil waren es nur noch zwei.

Die Schule der Älteren

Die Schule der Älteren – die Theravada – einigte sich bei besagtem Konzil im 3. Jahrhundert vor Christus auf den so genannten Pali-Kanon, auch Tripitaka (Sanskrit für „drei Körbe") genannt, weil er aus drei großen Teilen besteht: Lehrreden, Ordensregeln und philosophischen Abhandlungen.

Darin steht alles Mögliche. Nur nicht, dass der Buddha lachte, obwohl mir das besser in den Kram, bzw. ins Buch gepasst hätte. Und obwohl der Buddha in meinem Herzen immer lacht.

Allerdings steht im Pali-Kanon auch nicht, dass ich immer Recht haben muss. Darum genieße ich das Privileg, meine Meinung nicht für die Wahrheit halten zu müssen. Tatsächlich könnte es durchaus sein, dass der Buddha nie gelacht hat. Nicht ein einziges Mal. Sein ganzes Leben lang nicht.

Andererseits steht im Pali-Kanon auch nicht, dass er einen Pickel hatte. Trotzdem könnte er mal einen gehabt haben. Wer weiß? Vielleicht war den Theravadins das nur zu peinlich. Schließlich nannten sie ihn gern den Edlen, den Erhabenen.

Und dass er nach seiner Trennung von seiner Frau noch ein Geschlechtsleben gehabt haben könnte, wäre für sie undenkbar gewesen, denn asketisches Ordensleben stand bei ihnen hoch im Kurs.

Ja, da ist nichts mehr mit Sex 'n' Drugs 'n' Rock 'n' Roll, wie wir im Kapitel „Erbsen und Linsenzählerei" gesehen haben. Dazu die Vorschriften, wie das Essen auf dem Teller zu sortieren ist. Bis zwölf Uhr, denn danach gibt's nichts mehr. Darum stehen sie auch in aller Herrgottsfrühe auf. Aber wenigstens dürfen sie duschen oder baden. Sogar lachen. Allerdings müssen sie dazu in die Wüste gehen:

„Ich werde in bewohnter Gegend nicht laut lachend herumgehen", heißt es im Pali-Kanon. Und: „Ich werde in bewohnter Gegend nicht laut lachend sitzen."

Kurzum: Buddhistische Mönche und Nonnen führen ein äußerst diszipliniertes Leben. Ganz im Dienst der Befreiung.

PARADOXE WEISHEIT

WILLST DU DICH BEFREIEN, BRAUCHT ES ZUCHT UND ORDNUNG.

Immerhin gibt es im Pali-Kanon Textstellen, denen zufolge der Buddha zumindest gelächelt hat und die Heiterkeit lobte, zum Beispiel im Majjhima-Nikaya.

Ich kann mir auch vorstellen, dass er sich köstlich amüsiert hat, als er die Geschichte von dem Elefanten und den Blinden erzählte. Diese hatten alle ein anderes Stückchen von dem Tier betastet und beschrieben es darum völlig unterschiedlich. Und alle beharrten auf ihrer Meinung. Wie Weihnachtsgans und Osterhase im Disput darüber, welches Fest das schönere sei.

Kommen wir zurück zum Theravada-Buddhismus. Nachdem er durch die islamische Vorherrschaft aus Indien verdrängt wurde, wanderte er nach Südostasien aus und ist noch heute sehr lebendig in Kambodscha, Thailand, Myanmar (früher Burma), Laos und Sri Lanka, teilweise auch in Vietnam und der Volksrepublik China.

Anfangs wurde noch fleißig meditiert, denn das galt dem Buddha als Hauptmotor für die spirituelle Entwicklung. Leider geriet das mehr und mehr in Vergessenheit zugunsten von Scholastik und Philosophie, Glaube, Spekulation und Metaphysik. Und gerade das war dem Buddha so abhold gewesen.

Was lernen wir daraus?

PARADOXE WEISHEIT

REVOLUTIONÄRE BEWEGUNGEN DREHEN SICH GERN UM 180 GRAD.

Wie die Kommunisten, die Proletarier drangsalierten. Oder die bei ihrer Gründung sehr fortschrittlichen und liberalen Burschenschaften; man glaubt es kaum.

Die Vipassana-Bewegung

Glücklicherweise erstarrte der Buddhismus nicht nach seiner Wende. Vielmehr wurde die meditative Praxis in Burma (heute Myanmar) ab dem 18. Jahrhundert, wiederbelebt. Und unter dem Einfluss des Meisters und Gelehrten Ledi Sayadaw geriet die Reformbewegung – meist Vipassana-Bewegung genannt – ab dem späten 19. Jahrhundert so richtig in Fahrt.

Heute ist sie die einflussreichste Form des Theravada mit Hochburgen in Myanmar und Thailand. Doch auch im Westen ist sie sehr verbreitet als eine lose Verbindung von Ordinierten und Laien, die sich auf den Pali-Kanon bezieht und damit auf die traditionellsten Traditionalisten. Paradoxerweise wirken gerade sie so modern und westlich, wie keine andere Tradition. Jedenfalls findest du in hiesigen Vipassana-Zentren kaum asiatische Bilder oder Skulpturen, exotische Tempel, Pujas oder Rezitationen. Es gibt nicht einmal eine Kleiderordnung. Allerdings solltest du dich warm anziehen, denn hier wird viel meditiert.

Vor allem wird hier die Vipassana- oder Einsichts-Meditation geübt. Gemeint ist die Einsicht in die drei Merkmale der Existenz, über die wir im Abschnitt „Illusion" (Seite 39 ff.) ja schon gesprochen haben: Unbeständigkeit, Leidhaftigkeit und die Illusion eines Ichs.

Ich weiß, das klingt jetzt ein bisschen negativ …

Ist es auch, sogar mit Absicht, denn das fördert das Loslassen von allem, was nicht wirklich glücklich macht.

Außerdem ist es nicht religiös und passt darum gut in unsere säkulare, westliche Welt. Jedenfalls sind die zehntägigen oder auch dreimonatigen Vipassana-Schweige-Retreats, die Meditations-Klausuren, sehr beliebt. Sie bilden ein wohltuendes Kontrastprogramm zur Überflussgesellschaft, in der Seminarveranstalter mit allem Möglichen werben, wie Erfolg, Liebe und Kinder, die völlig schmerzfrei geboren werden. Als wohlerzogene Zwanzigjährige.

So erfrischend anders diese Vipassanesen, die so gar nichts versprechen. Das ist wie im Supermarkt, in dem mit „ohne“ geworben wird: Ohne Fett, ohne Konservierungsstoffe, ohne Geschmack. Demnach müsste „ohne alles“ unbezahlbar sein. Und genau das kriegst du beim Vipassana.

Wenn du bei ihnen ein Retreat besuchst, darfst du erst einmal nicht herrlich lange ausschlafen. Du kuschelst auch noch kein bisschen mit deiner Geliebten, sondern stehst auf, schaltest das Handy nicht an, schickst keine SMS, twitterst nicht und rufst niemanden an. Nachdem du geduscht hast, ohne andere nass zu spritzen, trinkst du keinen wunderbar duftenden Kaffee und liest keine Zeitung.

Danach ist erst einmal nichts zu tun. Also setzt du dich hin. Und dann sitzt du da. Und sitzt und sitzt und sitzt. Gehst ein bisschen rum. In Zeitlupe. Setzt dich wieder hin. Und sitzt und sitzt und sitzt. Isst eine Kleinigkeit. Setzt dich wieder hin. Und sitzt und sitzt und sitzt. Gehst in Zeitlupe rum. Und wenn dir mal langweilig wird, kannst du dich zur Abwechslung einmal hinsetzen und nichts tun. Und dann sitzt du da. Und sitzt und sitzt und sitzt, bis du Schwielen am Popo kriegst.

Das ebnet den Weg für die Einsicht, dass das Leben leidvoll ist.

Und wunderbar zugleich.

PARADOXE MARKTSTRATEGIE

VERSPRICH NICHTS. UND ANSCHLIEßEND HALTE ES NICHT.

Das versteht nur, wer sich darauf einlässt. Einfach nur dasitzen. In aller Unschuld. Ohne an dem rumzumäkeln, was gerade da ist und ohne etwas Bestimmtes wollen zu müssen. Denn das macht nur wieder Stress: Kriege ich das auch? Und wenn ja: Darf ich es behalten? Wie lange? Und warum geht mein lieber Hans mit seiner Susi bis ans Ende der Welt?

Diese Fragen stellen sich nicht mehr, wenn du dich nicht länger von den Inhalten des Geistes hypnotisieren lässt und den Geist als solchen erkennst. Als einen weiten, klaren, freundlichen Raum, in dem alles kommen und gehen darf, wie es selbst das möchte. Hier gibt es nichts, wonach du greifen könntest, nichts, wogegen du dich wehren müsstest. Alles wird in Klarheit und Freundlichkeit gehalten.

Da hast du endlich einmal Urlaub, richtig Urlaub. Das heißt, dass du keine Sandburgen bauen, dich nicht um einen Strandkorb balgen und dein Hotelzimmer nicht renovieren musst. Stattdessen genießt du es, dass du gar nichts tun musst. Aber so was von gar nichts. Du musst dich nicht einmal mehr langweilen.

PARADOXE ERFAHRUNG

SUCHE NICHTS, FINDE ALLES.

Aber vielleicht möchtest du am Anfang gern kleinere Buddha-Brötchen backen, also doch ein bisschen was suchen und eine Kleinigkeit finden, möglicherweise innere Ruhe, Selbstvertrauen und ganz viel Geduld mit Autofahrern, die

Hüte tragen. In diesem Fall kannst du einen MBSR-Kurs nach Dr. Jon Kabat-Zinn belegen.

Zum Beispiel bei mir.

Da ist es immer so nett. Da geh' ich immer wieder hin, obwohl man diese Kurse in Mindfulness Based Stress Reduction – also Stressbewältigung durch Achtsamkeit – nur einmal absolviert, um verschiedene Techniken zu lernen.

Diese achtwöchigen Kurse haben sich übrigens zur Lieblingsmaus der Wissenschaftler entwickelt: Sie sind überschaubar kurz und so intensiv, dass sich positive Veränderungen messen lassen.

Und da hier – wie beim Vipassana – vor allem Achtsamkeit geübt wird, kommt auch nicht gleich die Meditations-Polizei, wenn du mal was denkst. So eine große Kunst ist das ja auch nicht. Für Steine, zum Beispiel. Und die sind auch nicht erleuchteter als du und ich. Oder Boris Becker.

Wichtig ist nur, dass du die Gedanken vorüberziehen lässt, wie Wolken, und den Himmel wahrnimmst, den weiten Raum des Geistes. Nur, dass der nicht blau ist, sondern klar, damit du die Wirklichkeit siehst, wie sie ist.

Die aber ist nur mit Humor zu ertragen, glaube ich. Und ich glaube auch, dass Humor und menschliche Reife zusammengehören wie Schlüssel und Schloss – gut geölt durch die Fähigkeit, über sich selbst lachen zu können.

Das erinnert mich an den ehrwürdigen Meister Pashimottala aus dem Kloster hinter den sieben Himalaya-Bergen bei den sieben Klosterfahnen.

ALS DER MEISTER ERFUHR, DASS SEINE MÖNCHE WITZE ÜBER IHN MACHTEN, LIEß ER DAS MÖNCHLEIN KOMMEN, DAS SIE IN UMLAUF GEBRACHT HATTE.

„DER WITZ ÜBER MICH UND DEN HORNOCHSEN", FRAGTE ER, „IST DER VON DIR?"

„JA."

„UND DER ÜBER MEINEN TODESTAG, DER ZUM NATIONALFEIERTAG AUSGERUFEN WERDEN SOLL?"

„ÄH, JA. AUCH VON MIR."

„WIE KANNST DU ES WAGEN?!" RIEF DER MEISTER. „WITZE ZU MACHEN ÜBER DEN EINZIGEN VOLLKOMMEN ERWACHTEN DIESES UNIVERSUMS?"

„MOMENT MAL!" PROTESTIERTE DA DER MÖNCH. „DER IST ABER NICHT VON MIR."

Ich hoffe, die Paradoxien dieses Kapitels haben die Eierschalen deines Geistes gesprengt.

Im nächsten Kapitel geht es um eine Tradition, die das Paradox zur Kunst erhoben hat: um den Zen-Buddhismus.

Wie ein Löwenkönig soll der Buddha gelacht haben. So sehr, dass er Licht ausstrahlte aus seinen Haarbüscheln zwischen seinen Augenbrauen, aus seinen Rippen und Lenden.

So steht es im Lankavatara-Sutra. Es gehört zu den Schriften, die es nicht in den Pali-Kanon der Theravada geschafft haben, aber von der Mahasanghika anerkannt werden, der zweiten Schule, die das 3. Buddhistische Konzil überlebt hat.

Aus dieser Schule entwickelten sich der Mahayana- und schließlich der Zen-Buddhismus. Hier sind viele Witze in Umlauf, die so gut sind, dass sie von mir sein könnten, weshalb ich sie hier gern zum Besten gebe.

Die meisten habe ich auf der Webseite http://www.zen.fuer-uns.de/witze gefunden, einer Sammlung ohne Quellenangaben. Leider ist sie inzwischen offline, weshalb ich den Betreiber nicht mehr nach den Quellen fragen kann. Die meisten Witze sind vermutlich Herrn oder Frau Unbekannt eingefallen. Vielleicht auch dir. Dann melde dich doch bitte, damit du die Witz-Ehre erhältst, die dir gebührt.

Mahayana-Buddhismus

Erinnerst du dich an die drei Merkmale der Existenz, über die wir bereits mehrmals gesprochen haben? Die Mahayanis haben sich vor allem auf die Ich-Illusion gestürzt. Sie sagen: Das, was wir für unser Ich halten – ein fest geformter Brocken, allein und getrennt vom Rest der Welt – gibt es nicht wirklich. Vielmehr sind wir verbunden mit allem, was ist. Genau genommen sind wir sogar eins damit.

Darum braucht es gar keine Mahayana-Buddhisten, um eine Glühbirne zu wechseln. Sie SIND die Glühbirne.

Und sie bekommen immer die dicksten Buddha-Brote, denn sie ordern:

„Eins mit allem."

MAHAYANA-WITZ

WAS SIND SCHIZOPHRENE MAHAYANIS?

ZWEI MIT ALLEM.

Der fundamentalen Verbundenheit entspringt das Bodhisattwa-Ideal, deren Aspiranten nur ein Ziel haben: Glück und Erleuchtung für alle.

Und selbst wenn so ein Bodhisattwa reif fürs Nirwana ist, spielt er weiter mit beim irdischen Kasperletheater, in dem alle so tun, als seien sie nicht unendliches, liebendes Bewusstsein, reine, ursachlose Freude und grenzenlose Freiheit, sondern irgendwas total anderes. Weil das so großen Spaß macht, wie du jedes Jahr beim Karneval erleben kannst. Da machen auch die Bodhisattwas gern mit und verkleiden sich als weise, mitfühlende Wesen, die allen helfen, ihre wahre, grenzenlos gute Natur zu erkennen.

Ja, hier ist der Mensch kein armes Erbsünderlein, sondern begabt mit bedingungsloser Liebe, alles durchdringender Weisheit und dem Potenzial, rückwärts einzuparken.

Und weil alle Wesen Buddha-Natur haben, ist das Nirwana auch nicht exklusiv für ein paar wenige, die viele Leben lang darum gerungen haben. Vielmehr ist es immer da und immer nah. Jederzeit kann jeder Mensch seine wahre Natur entdecken.

Daher das mahayanische Selbstverständnis als „großes Fahrzeug", so die wörtliche Übersetzung von Maha (groß) und Yana (Fahrzeug). Und darin haben alle Wesen Platz. Sogar der Post-Chef.

Schauen wir uns nun an, wie sich der Mahayana-Buddhismus von Indien aus weiterverbreitet hat.

Chan-Buddhismus

1.000 Jahre nach Buddha kam der südindische Mönch Bodhidharma als sein 28. Nachfolger nach China. Dort nannte man ihn den „Barbaren aus dem Westen". Ein wilder Geselle mit einem dichten, schwarzen Bart, buschigen Augenbrauen und einem Ring im Ohrläppchen.

Trotzdem wurde er vom südchinesischen Kaiser Wu eingeladen. Der meditierte eifrig, hatte sich als Mönch ordinieren lassen und war nicht abgeneigt, dem Bodhidharma ein Klösterchen zu spendieren.

„Du weißt, wie viele Klöster ich gebaut und wie viele Mönche ich unterstützt habe", sagte der Kaiser. „Welchen Verdienst habe ich dadurch erworben?"

„Gar keinen", meinte Bodhidharma, der nicht gewillt war, dem Kaiser Honig um den Bart zu streichen.

Da war das Klösterchen wieder futsch.

Zuletzt fragte der Kaiser ihn noch:

„Was ist der höchste Sinn der Heiligen Wahrheit?"

„Offene Weite – nichts von heilig", erwiderte Bodhidharma.

Dann zog er weiter. Nach Nordchina zum Shaolin-Kloster. Dort soll er neun Jahre vor einer Felswand meditiert haben.

Meditation heißt auf Sanskrit „Dhyana“. Den Begriff kennst du vielleicht aus den Yoga-Sutren des Patanjali. (Wenn nicht, findest du mehr darüber in „Yoga – ein Weg zum Glücklich-Sein“, dem besten Yoga-Buch, das ich je geschrieben habe.)

In China wurde „Dhyana“ zu „Chan“, und der Chan-Buddhismus zur stärksten buddhistischen Schule in China. Intellektuelles Wissen, Textstudien und philosophische Auseinandersetzungen standen dort nicht hoch im Kurs.

So schrieb Hanshan, ein vagabundierender Chan-Buddhist:

„Es gibt zu viele Intellektuelle auf der Welt, die haben ausgiebig studiert und wissen einfach alles. Doch ihr Wahres Wesen kennen sie nicht. … Was nützen ihnen da die leeren Formeln?“

Die unmittelbare Erfahrung fundamentaler Verbundenheit ist es, die zählt. Eine Realität, die der Verstand nicht fassen kann, denn der liebt die Sprache – innere Monologe, Dialoge und Parteitage. Und in Sprachen gibt es nun einmal Substantive, die einem eine abgetrennte Existenz vorgaukeln.

In Wirklichkeit – so das chan-buddhistische Verständnis – gibt es keine Subjekte, getrennt vom Rest der Welt. Obwohl ich das manchmal gerne hätte. In solchen Momenten visualisiere ich mich in einem Ei oder ich ziehe Achter-Schleifen um mich, wie von Phyllis Krystal empfohlen. Aber bei mir sind die nie wirklich dicht. Irgendwann suppt die Realität immer durch.

Da kann ich gleich alles einfach so sein lassen, wie es gerade ist.

Oder lachen. Wie der chinesische Buddhist Budai. Wahrscheinlich hast du schon mal eine Statue von diesem dickbauchigen lachenden Mönch gesehen. Auf dem Rücken trägt er einen Jutesack, und oft krabbeln Kinder um ihn herum. Nach seiner Erleuchtung, so heißt es, hat er nie wieder gesprochen, nur noch gelacht.

Später vermischte sich der Chan-Buddhismus mit dem in China heimischen Daoismus und verschwand schließlich fast völlig aus dem Reich der Mitte.

Japanisches Zen

In Japan dagegen – dorthin kam der Chan-Buddhismus im 13. Jahrhundert – ist er bis heute lebendig geblieben und konnte sich auch im Westen etablieren, nun unter dem Namen „Zen-Buddhismus".

Kennzeichnend hierfür sind ausgedehnte, oft sehr strenge Meditations-Sitzungen. Ähnlich wie beim Vipassana, nur dass hier mehr Wert auf eine korrekte Sitzhaltung gelegt wird. Verkaufsschlager in Zen Kloster-Boutiquen sind darum Kniebandagen und Thrombose-Strümpfe.

Wichtig ist auch die totale Konzentration auf das Hier und Jetzt.

„Wenn ich atme, dann atme ich. Wenn ich gehe, dann gehe ich. Wenn ich esse, dann esse ich", heißt es im Zen.

Manche kennen das von ihrem Mann:

„Schatz, könntest du bitte den Müll rausbringen?"

„Geht nicht. Ich atme gerade."

Oder von einem Zen-Meister:

ZEN-WITZ

EINST SAH EIN SCHÜLER, WIE SEIN MEISTER IN EINEM RESTAURANT AB UND ZEITUNG LAS.

„ABER MEISTER", SAGTE DER SCHÜLER SCHOCKIERT. „HAST DU UNS NICHT GELEHRT: WENN ICH GEHE, DANN GEHE ICH. WENN ICH ESSE ..."

„RICHTIG", SAGTE DER ZEN-MEISTER. „UND WENN ICH ESSE UND ZEITUNG LESE, DANN ESSE ICH UND LESE DIE ZEITUNG."

Die totale Konzentration auf das Hier und Jetzt passte in eine Lebenswelt, in der es oft kein Morgen gab, wie in die der japanischen Kriegerkaste der Samurai, die den Chan-Buddhismus aus China begeistert aufgriff und als Zen in Japan etablierte.

Da verwundert es nicht, dass du in manchen Zen-Zentren Schläge kriegst, wenn du in dich zusammensackst.

Ist das nicht großherzig? Da sitzt du seit fünf Uhr früh auf deinem Kissen, kannst die Augen kaum offenhalten und – Klaps! – bist du wieder hellwach. Oder du spürst, wie dein Rücken bretthart wird vom Geradesitzen und – Klapps! – löst sich die Verspannung wieder. Oder du bist in Gedanken versunken und – Klapps! – da fällt dir nichts mehr ein.

Diese sehr intensive Praxis ist typisch für eine bestimmte Phase des Weges, wie er auf den zen-buddhistischen Ochsenbildern dargestellt wird.

Sie zeigen einen Hirten, der seinen Wasserochsen verloren hat, ihn wiederfindet und zähmt. Dies geschieht in der Praxisphase. Da wird der Geist trainiert und traktiert.

Schließlich werden Hirte und Ochse eins und verschwinden im Nichts.

ZEN-WITZ

„ICH BIN EIN NICHTS, ICH BIN EIN NICHTS, ICH BIN EIN NICHTS", SAGTE EINST EIN ZEN-MÖNCH, ALS ER ALLEIN IM TEMPEL WAR. DA KOMMT EIN NOVIZE DAZU UND STIMMT EIN: „ICH BIN EIN NICHTS, ICH BIN EIN NICHTS, ICH BIN EIN NICHTS." SCHLIEßLICH KOMMT EIN DIENER, FEGT DEN TEMPEL UND MURMELT IM RHYTHMUS SEINER BESENSTRICHE: „ICH BIN EIN NICHTS, ICH BIN EIN NICHTS, ICH BIN EIN NICHTS." DA SAGT DER MÖNCH ZUM NOVIZEN: „SCHAU, WER SICH DA EINBILDET, EIN NICHTS ZU SEIN."**

Leerheit ist aber nicht das Ende des Weges und muss darum irgendwann wieder losgelassen werden. Deshalb taucht der Hirte einige Bilder später wieder auf und die Dinge werden erfahren, wie sie wirklich sind. Aber nicht von einem Ich,

** Inspiriert durch einen ähnlichen Witz aus dem jüdischen Kontext in „Da lacht der Erleuchtete", Sammlung von Eli Jaxon-Bear und Sabrina Lorenz, Droemer Knaur, München, 1991, Seite 34.

denn die Illusion einer abgetrennten, für sich allein bestehenden Existenz hat sich aufgelöst. Sie ist dem Selbst gewichen.

Das wahre Selbst, so heißt es im Zen, hat keine Form, keine Erscheinung, keine Wurzel, keine Grundlage, keinen Ort. Doch es ist munter und voller Leben.

Das ist so schön, dass du es dir nochmal auf der Zunge zergehen lassen musst: Das wahre Selbst hat keine Form, keine Erscheinung, keine Wurzel, keine Grundlage, keinen Ort. Doch es ist munter und voller Leben.

Zuletzt erscheint der Hirte wieder auf dem Marktplatz. Das bedeutet, dass er weiter wie alle anderen lebt. Und dennoch … er strahlt Güte und einen gewissen Zauber aus. Und sein Ochse ist so schön, dass jede Kuh sich in ihn verliebt.

Dieser Zauber wird in verschiedenen Künsten einzufangen versucht, so etwa in der Kalligrafie, dem Blumenstecken und der Gestaltung von Steingärten und Mittelklassewagen.

Diese Künste gehören zum japanischen Kulturgut, das zum Teil mit importiert wurde, als Zen in den Westen kam. Hier kennen wir die großen Schulen des Soto- und des Rinzai-Zen.

Eine dritte Traditionslinie werde ich an dieser Stelle nicht weiter besprechen, da sie wenig von sich reden macht, nämlich das Put-Zen.

Soto-Zen

Im Soto-Zen wird vor allem das Sitzen geübt. Sitzen, sitzen und noch einmal sitzen. In wacher Aufmerksamkeit. Ohne Objekt. Ohne Erwartung. Einfach so.

Oder doch nicht so einfach …

Vor allem, wenn sich eine Fliege deine Nase als Stützpunkt ausgesucht hat, du aber still sitzen sollst. Oder wenn Knie und

Rücken schmerzen, du aber nicht „Aua!“ schreien darfst, sondern schweigen musst. Außer bei gelegentlichen Rezitationen.

Sehr beliebt ist das Herz-Sutra, dessen Kernsatz lautet:

„Form ist Leerheit, Leerheit ist Form.“

Genauso verwirrend wie wahr. Denn in Wirklichkeit ist der Geist nicht nur der leere Raum, in dem Phänomene auftauchen, für eine Weile bestehen und schlussendlich wieder verschwinden. Er IST auch diese Phänomene.

Verstehst du das?

Nein?

Herzlichen Glückwunsch! Dann hast du gute Chancen, es zu erfahren.

Rinzai-Zen

Was der Erfahrung gern in die Quere kommt, ist das konzeptuelle Denken. Beim Rinzai-Zen wird dieses durch so genannte Koans zu stoppen versucht.

Eins davon lautet:

„Zeige mir dein Gesicht, ehe deine Eltern geboren wurden.“

Nicht nur an Neujahr, wenn du eh alt aussiehst. …

Ein weiteres berühmtes Koan lautet:

„Wie klingt das Klatschen einer Hand?“

RINZAI-ZEN-WITZ

EINE DAME ENTLEDIGTE SICH VOR SOLDATEN IHRER KLEIDUNG.
UND WEIL SIE DARIN SO GESCHICKT WAR, BEKAM SIE VIEL APPLAUS.
NUR NICHT AM SCHLUSS, ALS DIE LETZTE HÜLLE FIEL.
„WAS IST DENN LOS?", FRAGTE SIE VERWUNDERT. „
GEFALLE ICH EUCH NICHT?"
„DOCH", ANTWORTETE EIN SOLDAT.
„ABER KLATSCHE DU MAL MIT EINER HAND."

Mit solchen Koans wird der Verstand weichgekocht, denn der Zen-Meister verlangt eine Antwort. Wieder und wieder. Sehr dringlich. Obwohl es keine gibt. Trotzdem muss der Schüler sie suchen. Muss seinen Verstand wieder und wieder in die Koan-Hölle schicken …

Am Ende gibt er auf und schweigt.

Dann kann es zu einer Erleuchtungserfahrung kommen, zu einem so genannten Satori. Und das Koan ist gelöst.

RINZAI-ZEN-WITZ

EINST KLOPFTE EIN MÖNCH AN DIE TÜR EINES DOJOS.

DER ABT FRAGTE:

„WAS IST BUDDHA?"

DER MÖNCH LÄCHELTE, ZOG EINEN SCHUH AUS
UND SCHLUG DEM ABT DAMIT AUF DEN KOPF.

DA HIEß DIESER IHN WILLKOMMEN UND LUD IHN ZUM ESSEN EIN.

ALS SIE GEMEINSAM SCHMAUSTEN, BEGLÜCKWÜNSCHTE DER ABT IHN ZU SEINER ZÜNFTIGEN ANTWORT.

„ACH, KANNTEST DU DIE LÖSUNG DES KOANS?"

„NEIN", GAB DER GASTGEBER ZU. „ABER ICH WUSSTE SOFORT, DASS DEINE ANTWORT RICHTIG WAR. SIE KAM VOLLKOMMEN SPONTAN UND STIMMTE ÜBEREIN MIT ALLEM, WAS ICH ÜBER ZEN GEHÖRT UND GELESEN HABE."

DA LACHTE DER MÖNCH. SO HEFTIG, DASS ER HINTENÜBER FIEL.

„WAS IST DENN LOS?", FRAGTE DER ABT.
„WAR DEINE ANTWORT ETWA NICHT RICHTIG?"

„KEINE AHNUNG", SAGTE DER MÖNCH.
„ABER ICH HABE AUCH VIEL ÜBER ZEN GEHÖRT UND GELESEN."

Koan-Lösung kann also auch ein herzhaftes Lachen sein, denn auch dabei schweigt der Verstand.

Zur Lösung wird aber auch bellen, einen Stein schleudern oder sich auf den Kopf stellen und mit den Beinen wackeln benutzt. Oder sinnfreie Antworten wie: „fünf Pfund Flachs" oder: „Muh!".

In einer Kultur, die so diszipliniert und kontrolliert ist wie die japanische, ist das befreiend, revolutionär. Für manche Westler könnte es dagegen revolutionärer sein, sich mal ordentlich zu benehmen.

Aber das können sie beim Rinzai-Zen ja auch. In reizvollem Kontrast zu den Jux-Sprüchen gibt es dort eine äußerst strenge Meditations-Praxis.

Also, ich meine jetzt wirklich streng.

Genau genommen sogar sehr, sehr streng.

Vietnamesisches Zen

Sanfter sind da die Anhänger von Thich Nhat Hanh, einem vietnamesischen Zen-Meister, der im Vietnamkrieg half, bombardierte Ortschaften wieder aufzubauen. 1966 gründete er den „Orden des Interseins" und initiierte damit den engagierten Buddhismus. Hier werden die buddhistischen Lehren in Friedens- und Sozialprojekte umgesetzt. Aktives und gelebtes Mitgefühl hat hier also einen hohen Stellenwert. Ganz in der Tradition des Mahayana-Buddhismus. Doch auch die Einsichtsmeditation (Vipassana) wird intensiv gepflegt und in den Alltag integriert.

Thich Nhat Hanh zählt zu den populärsten Buddhisten hier im Westen. Ebenso wie der Dalai Lama, der uns im nächsten Kapitel begegnen wird.

Der Buddhiamant

Stell dir vor, du wanderst durch eine malerische Berglandschaft und erreichst schließlich ein Kloster.

Bunte Stofflappen flattern im Wind. Auf einem stufenförmigen Unterbau erblickst du eine umgestülpte Glocke aus weiß getünchtem Stein. Menschen in bodenlagen, weinroten Gewändern umrunden die Glocke und werfen sich alle paar Schritte der Länge nach auf den Boden.

So richtig flott kommen sie nicht voran …

Du gehst durch die Eingangstür und erblickst Statuen und Stoffbilder mit fremdartigen Gestalten. Viele haben mehr als zwei Arme, einige ein paar zusätzliche Köpfe.

Kommt das vom Multitasking?

Manche der Gestalten lächeln liebevoll – Bodhisattwas, die mit ihren tausend Armen tausend Wesen gleichzeitig helfen.

Andere schauen grimmig drein, tanzen auf Leichenbergen und tragen Totenschädel am Gürtel.

Ist das hier eine Kannibalen-Sekte?

Aus einer Halle dringt Gemurmel an dein Ohr. Du trittst ein.

Auch hier fremdartige Stoffbilder und Statuen. Menschen kauern auf Kissen und rezitieren einen Text in einer Fremdsprache, den sie von ziegelsteinförmigen Loseblatt-Sammlungen ablesen.

Auf einem Thron sitzt ein Asiate in Brokatgewändern. Neben ihm ein Altar mit Kerzen, Blumen und Räucherstäbchen, Statuen und Opferschälchen.

Ein Gong ertönt.

Willkommen in einem tibetisch buddhistischen Kloster. Irgendwo in Deutschland oder der Schweiz.

Aus seiner Heimat wurde der tibetische Buddhismus hingegen fast völlig vertrieben, seit im Jahre 1950 chinesische Truppen in Tibet einmarschierten. Zahlreiche buddhistische Mönche und Lehrer mussten fliehen, wurden misshandelt oder ermordet. Dennoch besitzen die meisten Überlebenden die Größe, ihren Geist nicht durch Hass oder Rachsucht vergiften zu lassen. Stattdessen pflegen sie eine Kultur von Mitgefühl und liebender Güte.

Schamanistische Wurzeln

Allerdings waren die Tibeter vor ihrer Buddhifizierung alles andere als friedlich. Sie waren ein kriegerisches und wildes Volk, das dem Schamanismus anhing, der Bön-Religion.

Diese vermischte sich später mit dem Mahayana-Buddhismus, der Ende des 8. Jahrhunderts durch Padmasambhava nach Tibet kam. Von ihm ist wenig bekannt. Aber immerhin gilt als gesichert, dass er nicht von einer Frau geboren wurde, sondern einer Lotosblüte entspross.

Überhaupt gibt es viel Erstaunliches und Wunderbares zu berichten. Tibetische Geschichten strotzen nur so von Dämonen und Magiern, sprechenden Statuen, wunderwirkenden Reliquien und wilden Yogis. Zum Beispiel Milarepa, der jahrelang allein in einer Höhle meditierte und sich nur von Brennnesseln ernährte, bis seine Haut grün schillerte. Oder Khyentse, der durch Dörfer und Einöden schlich und die Leute mit einem Jagdgewehr erschreckte, um sie aus dem Schlaf der Unwissenheit zu reißen. Nicht zu vergessen Drugpa Kunley, der während einer Versammlung, auf der Verse rezitiert wurden, auf einen Fahnenmast kletterte, wie eine Krähe krächzte und die Anwesenden „Papageien“ nannte.

Oft werden tibetischen Meistern auch okkulte Fähigkeiten wie Prophetie, Hellsichtigkeit und Gedankenlesen, Levitation und Bilokation zugeschrieben. Leider kann ich Dichtung und Wahrheit hier nicht unterscheiden, vor allem nicht bei der Bilokation, dem Erscheinen eines Tibeters an zwei Orten zur selben Zeit. Denn immer, wenn ich ihn an einem Ort sah, konnte ich nicht zugleich anderswo sein, um ihn auch dort zu sehen. Und selbst wenn, hätte ich nicht sicher sein können. Für mich als Europäerin sehen sich viele sehr ähnlich …

Lamaismus

Um selbst die Bilokation von ihnen zu lernen, hätte ich mich sehr, sehr, sehr eng an einen Lama, einen spirituellen Lehrer binden müssen. (Laminnen gibt es kaum mehr als Päpstinnen.) Ich hätte ihn als absolute Autorität anerkennen, ihm Hingabe und bedingungsloses Vertrauen entgegenbringen müssen. Jahrzehntelang.

TIBETISCHES PARADOX

WILLST DU INS HIER UND JETZT?

DANN MUSST DU ERST HIN UND WEG … SEIN VON EINEM LAMA.

Für Westler etwas gewöhnungsbedürftig …

Für Deutsche oft unmöglich. Wir wissen nur zu gut, was sich für ein Schlamassel durch Autoritätshörigkeit anrichten lässt.

Auf jeden Fall nimmt man sich keinen Lama wie einen Volkshochschulkurs. Vielmehr beginnst du mit langen Jahren des Suchens und Prüfens. Die tibetische Sprache zu beherrschen wäre auch nicht schlecht, sonst kannst du deinen Berufswunsch „Lama“ gleich an den Nagel hängen.

Es folgen Jahrzehnte des Schriftstudiums und des Erlernens von Meditationen und komplexen Ritualen.

Doch wenn du am Ende als Lama anerkannt wirst, behältst du deinen Posten nicht nur bis an dein Lebensende, sondern weit darüber hinaus.

Hierzu musst du nur deine nächste Wiedergeburt präzise beschreiben, den Körper-Transfer bewusst gestalten und als neue Inkarnation deine jetzigen persönlichen Gegenstände wiedererkennen, zum Beispiel deine Ritualglocke, deine Gebetskette und deine beheizbaren Schuheinlagen.

So wurde der hoch verehrte Dalai Lama mittlerweile als der 14. seiner Art inthronisiert. Seit dem 15. Jahrhundert gilt er als der höchste Wiedergeborene der einflussreichsten tibetisch buddhistischen Schule. Doch man munkelt, er würde keine 15. Dalai-Lamaschaft mehr dranhängen wollen, sondern lieber mal als Frau geboren werden.

Vor noch nicht allzu langer Zeit wäre das in Tibet undenkbar gewesen. Staat und Kirche waren dort eins. Die Lamas waren also zugleich auch die Regierenden, die ihren Müttern im zarten Kindesalter weggenommen und von erz-patriarchalen Männern erzogen worden waren.

Doch seit einiger Zeit verändert sich die Situation. Jüngere tibetische Lamas sind fast angekommen im Hier und Jetzt der westlichen Kultur. Zum Teil haben sie hier studiert oder sind gar hier aufgewachsen. Mittlerweile gibt es sogar westliche, autorisierte Lamas wie die beiden Engländer Rigdzin Shikpo und seine Frau Shenpen Hookham oder die Amerikanerin Pema Chödron, die ein tibetisch buddhistisches Kloster in Kanada leitet.

Sie und andere Lehrerinnen und Lehrer vermitteln den Zugang zu tiefgründigen Lehren, kraftvollen Techniken und geschickten Mitteln, die den Geist verwandeln.

Doch nach wie vor ist die tibetische Kultur sehr präsent, und der Schamanismus schimmert immer wieder durch.

TIBETISCHES PARADOX

DER TIBETISCHE BUDDHISMUS IST DURCHSETZT VON FERNÖSTLICHER KULTUR UND ARTFREMDEM SCHAMANISMUS.
DENNOCH NIMMT ER GERN FÜR SICH IN ANSPRUCH, DIE ESSENZ DES BUDDHA-WEGES ZU LEHREN.

Vajrayana-Buddhismus

Von seinen Anhängern wird die tibetisch buddhistische Schule gern Vajrayana-Buddhismus genannt. Vajra heißt „Diamant“ und „Yana“ Fahrzeug.

Nun reisen wir also in einem Diamant-Fahrzeug, denn unzerstörbar wie ein Diamant ist auch der Körper, den du hier entwickelst, dein Buddhiamant.

Das heißt nicht, dass dein Fleisch nun jedes vernünftige Verfallsdatum überschreiten würde. Nein, der Vajra-Körper hat eher die Konsistenz eines Regenbogens, der die Gegensätze von Sonne und Regen vereint. Durch ihn überwindest du also die Dualität und es bildet sich etwas ganz Neues, Buntes.

Wer möchte das nicht?

Und das Allerschönste: Es geht ganz schnell, weil du alles in deine Praxis einbeziehst – wirklich alles, was dir tagsüber begegnet und auch nachts im Traum. So kannst du Buddha-Natur, dein wahres Selbst, deine unzerstörbare Herz-Essenz rasch entdecken und beständig darin leben.

Also, da spucke ich doch gleich mal in die Hände – oder aufs Meditationskissen – und fange mit dem Praktizieren an.

Halt, stopp! Das geht in der Regel nicht. Zuerst brauchst du einen Lama. Und dann sind – je nach Tradition – umfangreiche Schriftstudien nötig und/oder praktische Vorbereitungen. 100.000 Niederwerfungen, 100.000 Mantra-Rezitationen und 100.000 Visualisierungen sind einige davon.

PARADOXE WEISHEIT

DER KÜRZESTE WEG VON A NACH B GEHT ÜBER C, D UND XY.

Alle Wege führen ins Nirwana

C, D und XY mögen als Umwege erscheinen, sind es aber nicht. Seit Einstein wissen wir, dass das Universum in der vierten Dimension gekrümmt ist. Das heißt, dass es so etwas wie einen geraden, kurzen und direkten Weg nicht gibt.

Das macht aber nichts. Denn egal, welchen Weg du nimmst, du bist immer schon angekommen.

Genau hier.

Genau jetzt.

Fröhliche Buddha-Fahrt

Ich hoffe, du hattest viel Freude an meiner Darlegung buddhistischer Lehren, Übungen und Traditionen. Sie gehören zu den Kostbarkeiten meines Lebens.

Warum ich dennoch darüber scherze?

Weil ich eine Bodhisattwa bin, die weiß, dass wir auf einer fundamentalen Ebene eins sind. Das heißt: Ohne dich komme ich nicht ins Nirwana. Darum tue ich alles, damit du schnell erwachst und glücklich bist und lachst.

Nun bleibt mir nichts weiter übrig, als dir von Herzen eine fröhliche Buddha-Fahrt zu wünschen.

Mögest du das Leiden niemals ernst nehmen, auf dass es sich beleidigt von dannen macht.

Mögest du Menschen, Lehren und Übungen finden, durch die du dich vollkommen verwandelst, damit du wirst, was du immer warst.

Mögest du beherzt hinabtauchen in den See der Wahrheit, um deinen wertvollsten Schatz zu heben: Keine Perlen oder Juwelen, sondern das Lächeln der Weisheit.

Oder ein befreites Lachen.

Wie Mahakashyapa.

Die Autorin

Bereits in zahlreichen Veröffentlichungen sowie als Yoga-, Achtsamkeits- und Meditations-Lehrerin hat Karin Burschik viele Menschen zum Lachen und zu spirituellen Erfahrungen gebracht. Schon in ihrer Jugend entdeckte sie wie wohltuend das Meditieren ist und gewöhnte sich an eine tägliche Praxis. Das hilft ihr in schweren Zeiten und macht die guten ganz wunderbar. Ihre Dankvarkeit für buddhistischer Lehren und Übungen bringt sie auch in diesem inzwischen zwölften Buch zum Ausdruck.

MEHR VOM WINDPFERD VERLAG

Innen gut, alles gut! Das klingt wie ratzfatz heile. Leider ist das nicht so, aber großartig wäre es schon. Gundi Zimmermann hat mit „Innen gut, alles gut!“ einen humorvollen Leitfaden zur Heilung des inneren Kindes verfasst. Die Psychologin schrieb bereits Sketche für eine TV-Reihe mit Hape Kerkeling und bringt auch die Lachmuskeln des Lesers in Aktion.

Gundi Zimmermann · Innen gut, alles gut · ISBN 978-3-86410-190-8

Fühlt sich Ihr Leben schwer und der Alltag anstrengend an? Dann ist es Zeit für einen neuen Fahrplan. Radikale Akzeptanz mit einer Prise humorvollem Abstand ist der schnellste Schritt zur Besserung, sagt Leichtigkeitstrainer Robert Hoppaus. In seinem Buch zeigt er, wie Sie im Augenblick jonglieren und den Alltag als Spiel betrachten.

R. Hoppaus · Lebe im Zauber der Leichtigkeit · ISBN 978-3-86410-181-6

Glücklichsein ist eine Entscheidung, die du selbst triffst. Wer kennt das nicht: An einem Tiefpunkt in deinem Leben wünschst du dir nichts sehnlicher als wieder Glück zu empfinden. Glück auf Rezept – wäre das nicht wunderbar? Mit diesem Buch bekommst du hilfreiche Anregungen, um eigene Lösungen für dein Leben zu erarbeiten.

Eike Harms · Die Glücks-Apotheke · ISBN 978-3-86410-191-5

WWW.WINDPFERD.DE